知識ゼロからの DX入門

株式会社エル・ティー・エス 監修

A Beginner's Guide to Digital Transformation

幻冬舎

はじめに

●事業・商売の本質と顧客のニーズが分かればＤＸは実現できる

近年、ＤＸ（デジタル・トランスフォーメーション）という言葉を聞かない日はありません。アナログからデジタルへ。業務をデジタル化すれば良いのだろうと思っている方もいらっしゃるかもしれません。

しかしＤＸの本質は「変革」にあります。業務のデジタル化が目的ではなく、変革のために、デジタル技術を活用するということです。

現代は産業革命にたとえられるほど変化の激しい時代です。どんな企業も、社会変化に合わせられなくては生き残ることができません。**デジタル技術を駆使し、自社の製品・サービスを社会に適応させていくことが必須**となります。

長年経営に携わってきた方々の中には「変わること」への抵抗感を抱く人もいるでしょう。「変えられない、変えたくない」と感じることは悪いことではありません。私はむしろ、**「変えられないもの」にこそ、ＤＸを進めるうえでもっとも重要なポイントが隠れている**と思います。

企業にとってもっとも「変えられないもの」とは、創業以来掲げてきた経営理念であるはずです。自分たちにとってお客様とは誰で、そのお客様のどういう課題を解決するために仕事をしているのか。ここに企業の存在意義があります。

長年続けてきた事業を、デジタル技術を駆使し、今の時代に合う形に変革・発展させ、最終的に経営理念を実現させる。「変えられないもの」が軸とならなければ、ＤＸを成功させることはできないのです。

ＤＸは、これからの時代における、事業の成功・存続サイクルの入り口です。変革の好循環によって、より強い企業へと成長を遂げられます。

●状況は整った。必要なのは資本力より、経営者の熱意と知恵と判断力

大企業のＤＸ推進に比べると、日本企業の９割を占める中小企業は後れをとっています。国をあげてＤＸ推進が謳われるのも、こうした現状があるためです。

確かに、中小企業には大手のような資本や人材、ノウハウが乏しいのは事実です。

でも、大手にはない変革の強みがたくさんあります。

人数が少ないぶん、一人ひとりがビジネスの全体像を把握しています。

顧客の顔が見えるため、世の中の変化を敏感に感じられる利点もあります。風向きを素早く察知して小回りを利かせ、スピーディに方向転換することも**経営者の決断次第で可能**です。

デジタル化のノウハウが乏しくても、大企業が試行錯誤を経て蓄積してきたさまざまな失敗・成功の先行事例を参考にすることができます。

また、安価に利用できるデジタルツールやサービスが数多く生まれ、中小企業向けのＩＴベンダーやコンサルも増えています。

今はまさに、中小企業がＤＸに踏み出す絶好の機会と言えるのです。

●ＤＸに取り組むプロセスが社員の意識を変え、企業を強くする

ＤＸを進めるときに、経営者やＤＸ推進リーダーのみなさんには、一つだけ注意していただきたいことがあります。

「まばゆい成果」だけで社員を惹きつけようとしないことです。

ゴールの輝かしいイメージだけで走り始めてしまうと、その通りにいかないときに不満が続出します。前述したようにＤＸで大事なのは経営理念。時代が変わりお客様が変わっても、変わらない企業の存在意義を、**社員が理解・共有したうえで、変化に対応するための取り組みを始めること**が大切です。

変革により業務の変更が発生すれば、何かしらのトラブルや不満が出てくるもの。変革に困難はつきものです。ＤＸは、１回のプロジェクトでおしまいではありません。小さな変革の積み重ねによる、企業文化の創造です。共通認識がないままに取り組みを始めると、トラブルを乗り越えられず、ＤＸがストップしてしまいます。

肩の力を抜いてできることから始めていきましょう。そして、経営理念の実現に向けてさまざまな変革を続けていきましょう。本書によって多くの企業がＤＸのスタートラインに立ち、取り組みを続けながら、さらに強い企業に生まれ変わっていくことを願っています。

株式会社エル・ティー・エス　代表取締役社長ＣＥＯ　樺島弘明

10年後、わが社は生き残れる？
真のDXは長期スパンの組織変革

いまだに“昭和体質”が残っていない？

DXをはばむ、昔ながらの企業体質に注意！

個人の日常生活はデジタル化されているのに、会社の中はいまだアナログで非効率。あなたの会社にこんな慣習はありませんか？

□ 経営者には逆らえない
DXで実現！
誰もが意見を言いやすい雰囲気に
全社でDX推進に取り組むことで、風通しが良くなる。良いアイデアを逃さない会社に。
□ ミスがあった場合、責任追及が始まる
□ 若い世代は発言しづらい
□ 請求書は紙で郵送
□ 20年以上大きな変化が起きていない
□ 紙の申請書にハンコをもらう

DXとはデジタル技術が発達した世の中に、自社の製品・サービスを対応させていくことです。単なるデジタル化ではなく、推進を通じ企業文化をも変革させていく所に本質があります。

DXで実現！

現在の業務に合わせてデジタル化する

効率化が必要な部分は適宜デジタル化し、業務の変更に合わせ常に見直しを行う。

- [ ] テレワーク時、共有サーバ内のファイルが見られない
- [ ] ファイルの保存場所は業務の担当者しか分からない

あのファイルどこ？
共有します！

- [ ] システムからExcel《エクセル》への転記作業がある

DXで実現！

事務業務のペーパーレス化

勤怠管理、申請書や請求書など、事務業務をデジタル化し、時間短縮・経費削減する。

- [ ] 経費の明細は紙で提出

お願いしまーす
はーい！

- [ ] カードで記録した勤怠を月末に集計
- [ ] スケジュールの調整は直接

いくつ当てはまった？　あなたの会社の“昭和体質度”をチェック！

その調子！令和　0〜2個

デジタル活用度、風通しの良さ共に◎。この調子で、新しい取り組みにチャレンジ。

後れぎみ…平成　3〜7個

昭和体質からある程度脱却できています。もっと改善できる点に取り組みましょう。

いまだに昭和　8〜12個

昭和体質のままでは、10年後存続の危機！　小さな改善から始めましょう。

＼＼ DXの本質を理解している？ ／／

デジタル化が進む社会に対応できる企業文化に変革《トランスフォーメーション》

DX ＝単なるデジタル化ではない。
デジタル化を通じ、ビジネスモデルや企業文化まで変革させていく取り組み。

D　X
(Digital)　(Transformation)

DX の本質は、“ 変革 ” です。社会の変化は年々加速。企業がデータとデジタル技術を活用できれば、社会と共に移り変わる顧客ニーズに応えられ、企業競争で有利に。しなやかに時代に対応できる企業へと進化することができます。

一緒に勉強していきましょう！

樺島弘明先生

第 1 段階

デジタイゼーション

業務を効率化し、コスト・人員・時間を浮かせる

アナログ・物理データをデジタル化し、業務を効率化すると、それまでかかっていた人件費や経費が削減され、人員に余裕ができる。

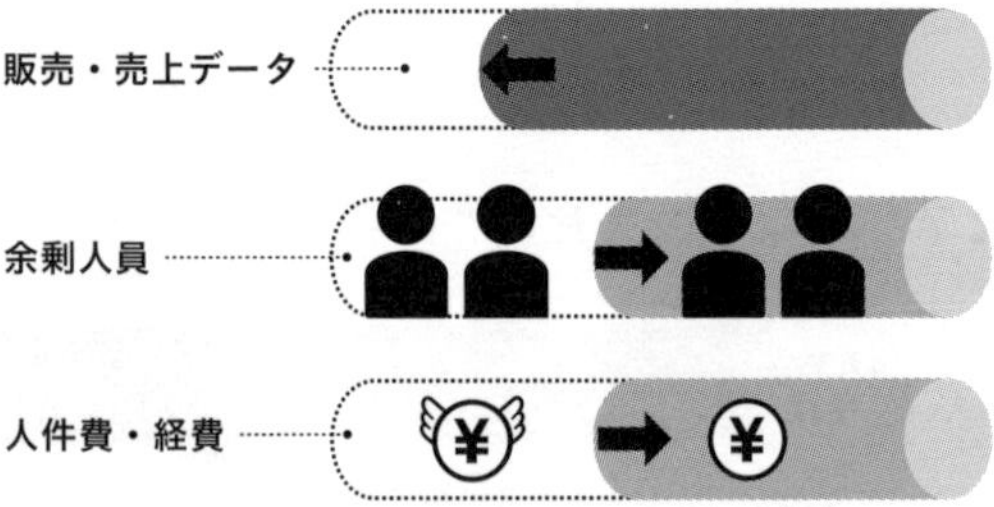

販売・売上データ
余剰人員
人件費・経費
¥
¥

コストは削減され、余剰人員が生じる。情報がデータとして蓄積されていく。

第3段階

デジタルトランスフォーメーション

データを活用し、顧客ニーズに即応できる企業に

第2段階で構築したデータの基盤を活用し、移り変わる顧客ニーズを分析。ビジネスモデルや組織、企業文化をも変革して、競争上の優位を確立する。

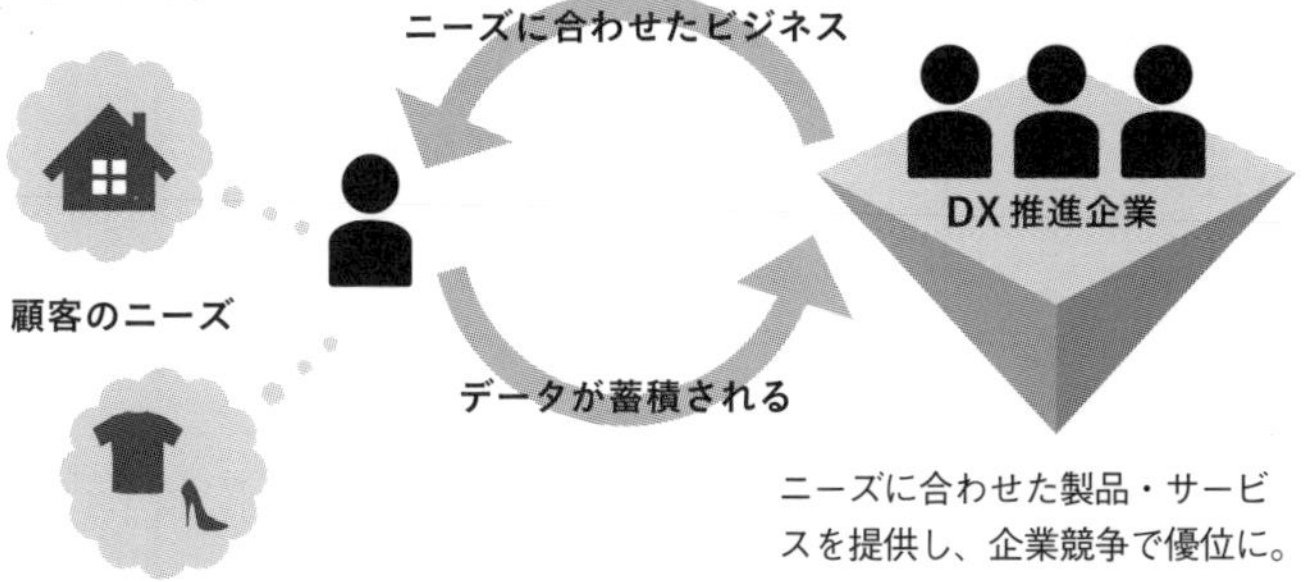
ニーズに合わせたビジネス
顧客のニーズ
データが蓄積される
DX推進企業
ニーズに合わせた製品・サービスを提供し、企業競争で優位に。

第2段階

デジタライゼーション

データを統括し、活用のための基盤を作る

1つの業務・製造過程を最初から最後までデジタル化。会社の情報をシステム内に集約し、管理できるようにする。

蓄積したデータ
余剰人員
浮いたコスト
¥
第1段階で浮かせた費用で、データを活用した新しい取り組みを考える。

\\ なぜDX推進が叫ばれているの？ //

激変する社会情勢と顧客ニーズに対応しないと存続できない

社会の変化速度に追いつくために、
変化を前向きにとらえて受け入れる企業活動が求められる。

顧客ニーズの多様化

オンラインショップの発達により、商品・サービスの選択肢が増え、自分のニーズにぴったり合ったものを選べる。

スマートフォン・タブレットの普及

一人一台以上デジタル機器を持つようになる。情報の発信・取得が気軽にできる。

2000年代

デジタル技術が発展し社会のあり方が変化していく

社会の変化に合わせ、DXを推進し、変革していく

デジタル技術の活用に乗り遅れ、変革できない

アナログ業務を継続

社員のITスキルが育たない

顧客ニーズに対応できない

インターネットが社会に浸透

インターネットを使ったサービスやコミュニケーションが一般化。ビジネスでも携帯電話・PC・Eメールなどの利用が普及し、オンラインを前提とした社会への変化が始まる。

成功
DX 推進企業
変化に前向きな企業となり、成長を継続。
未来の社会へ！
ロボットやAIの活用により、人の働き方や生き方が変化。多様性・持続可能性の高い社会に。
働き方の多様化
副業やリモートワークが一般的に。柔軟な働き方ができない業界や企業は、働き手を集めることが困難に。
さらなるオンライン社会へ
通信技術の発達により新技術が具体化。新しい製品やサービスが増加する。
社会の流れ
DX推進企業の流れ
DX失敗企業の流れ
衰退
DX 失敗企業
働き方の多様化に対応できない
新興企業に市場を奪われる
顧客ニーズに対応しきれず、売上が低迷。衰退企業に。

\\ 誤解・言い訳が聞こえてこない？ //

経営者・社員の正しい理解がDX失敗を防ぐ

誤解しやすいポイント・後回しの主な理由を紹介する。
あらかじめ失敗につながる落とし穴を知っておこう。

資金・人材不足

自社だけで進めるのは
厳しいが、コンサルは
費用がかかりすぎて
手が出ない

ここ数年、カツカツで
やっているのに、
新プロジェクトにまわす
予算なんて……

IT人材なんて
うちにいないし、
DXなんてムリ！
手を出さないのが安全策

ADVICE

小さなことから取り組み、
賢く外部の力を借りる

最初は手の届く費用内で。助成金を申請したり、公益団体などに相談したりしながら進めます。

心理的安全性の低さ

デジタル化すれば、
もっと便利になるのに……。
でも、自分の立場では
言っても仕方ない

正直、課題は
たくさんあるよ。
でも、口に出してわざわざ
嫌われるのもばからしい

ADVICE

DXが、
文化変革のチャンス！

管理職こそDXを推奨しましょう。推進が進むにつれ、心理的安全性（P36）が高くなります。

前例のない
プロジェクトは不安
もし失敗しても、
責任なんてとれないし

DXへの理解不足

デジタルツールを
導入すれば
いいだけでしょ？
簡単だと思うよ

僕はもう引退だから、
そういうのは若い人たちに
全部任せるよ

今まで問題
なかったんだから、
このままでも何とか
なるんじゃない？

目の前の仕事が
優先だよ！
まずは給料稼がなきゃ！

ADVICE

DXは経営者・全社員の協力なしではできない

DXが急務であることを理解し、最終的には全社的体制で取り組まなければなりません。

理解不足はなぜ起こる？

DXを簡単にとらえてしまうメディアのわな

メディアで取り上げられるDX推進例は、成功事例のみ。
そこに至る失敗などは紹介されないため、簡単に見えてしまう。

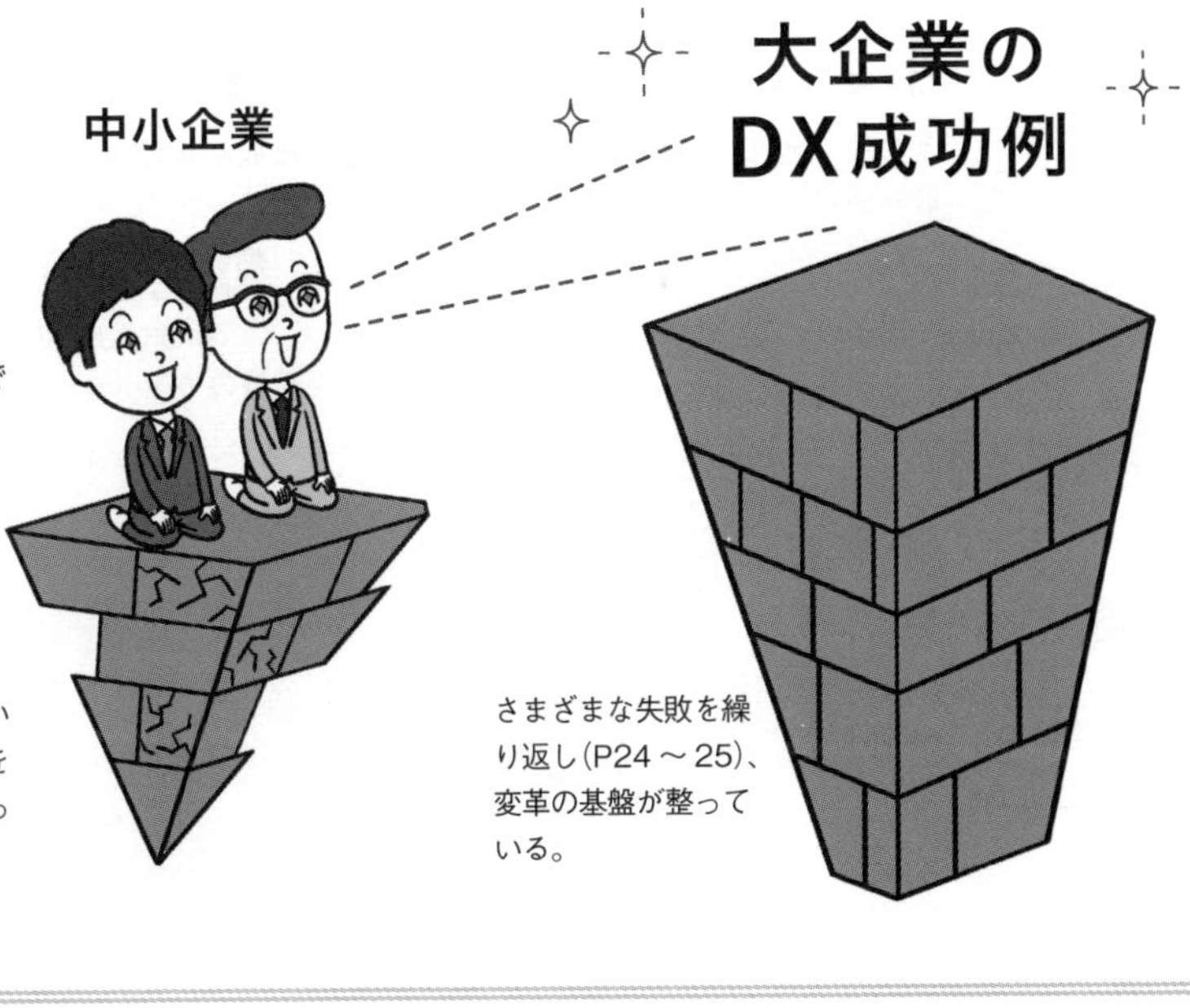

成功例のみを見て、自分たちも簡単にできると誤解。

変化に慣れていないため、DXで会社を変革する準備が整っていない。

さまざまな失敗を繰り返し（P24～25）、変革の基盤が整っている。

＼＼ 一歩踏み出すことが大事！ //

DXの好影響で、気づけば優良企業に！

推進の過程で、市場での優位性のみならず、
企業文化面のさまざまなメリットも獲得できる。

1. 一致団結！　みんなでやってみる！

DX推進の大目標を全社員が共有。DX推進リーダーを中心に、何人かのサポートメンバーと共に、推進をスタートさせる。

オー！
やるぞー！

推進前

社員のやる気、
就活市場での人気も低迷……。

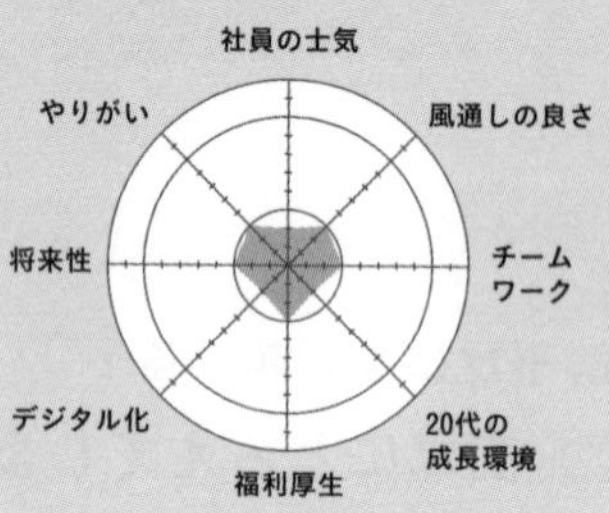

社員の士気
風通しの良さ
チーム
ワーク
20代の
成長環境
福利厚生
デジタル化
将来性
やりがい

2. 小さなことからデジタル化

手の届く範囲で、確実に成果が出せるものに取り組む。事務業務の効率化から取り組むことが多い。

経費の
明細
会議資料
社内申請書
名刺

１つ目の取り組み後

作業が効率化され、
社員のモチベーションがUP！

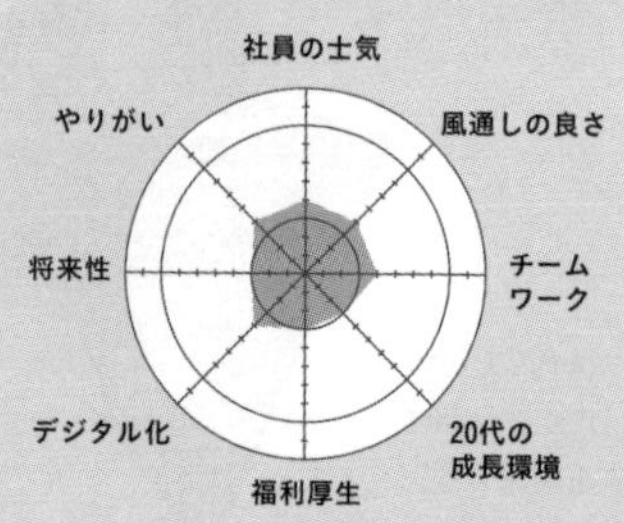

社員の士気
風通しの良さ
チーム
ワーク
20代の
成長環境
福利厚生
デジタル化
将来性
やりがい

3. 1つできたら、次にチャレンジ

浮上した別の課題や、新しいアイデアに取り組む。プロジェクトごとに協力者が増え、全社で取り組む体制が形成される。

いいですね！
YouTube
やって
みましょうよ
これも
便利に
できないかな？

何個目かの取り組み後

一人ひとりの意見が尊重され、
チームワークも強化。

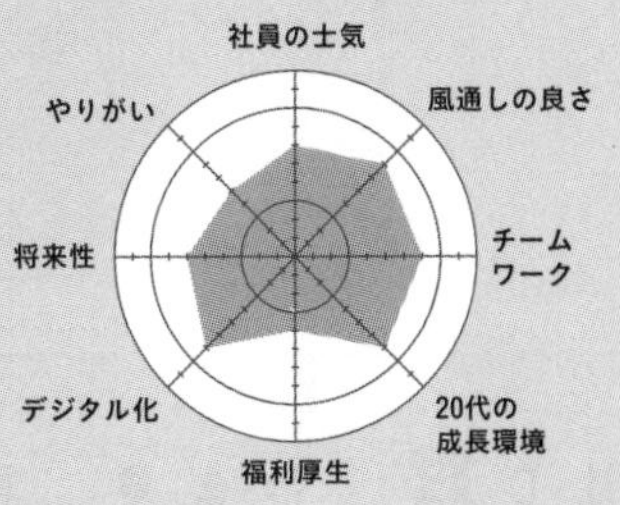
社員の士気
風通しの良さ
チーム
ワーク
20代の
成長環境
福利厚生
デジタル化
将来性
やりがい

4. 数年後には、生き残れる企業に！

業務効率化で、生産性UP。変化へのハードルが下がり、空いた時間で新たなサービスを開発。顧客との接点を増やして、競争に打ち勝つ企業に。

推進スタートから数年後

安定した売上、働きやすい環境。
強い企業へと成長！

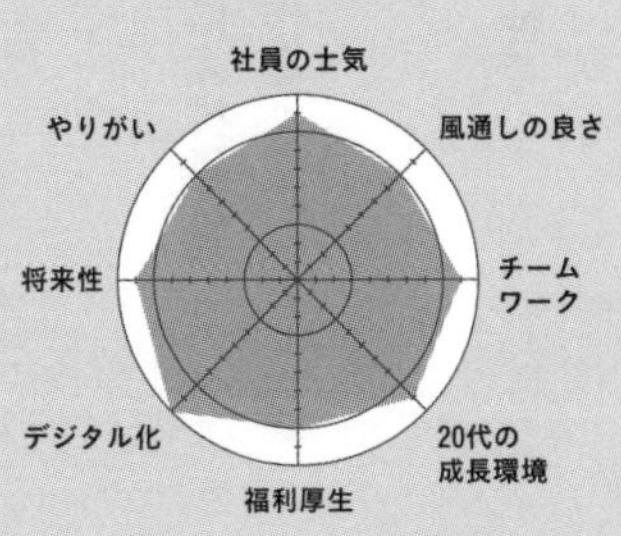
社員の士気
風通しの良さ
チーム
ワーク
20代の
成長環境
福利厚生
デジタル化
将来性
やりがい

知識ゼロからのDX入門 目次

PART 2

DX推進リーダーの役割・選び方

課題意識が強く、縦・横と連携がとれる人材を推進リーダーに

PART 3

最初の課題を発見・解決！
まず現状を把握し課題を決め、短期間で成功体験を得る

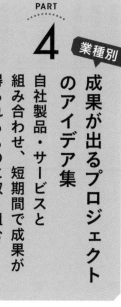

PART

5

外部の知見・助成金などを活用

コンサル、ベンダー……プロの力を借りてプロジェクトを成功に導く

PART

1

DXの定義・流れ

小さい変革を積み重ね、
世の中の変化に対応し続ける組織を作る

DXにマニュアルはない。手の届く小さな変革を繰り返す

うちの会社も業務をデジタル化してDXを推進しようと思うのですが、調べてみると「DXは単なるデジタル化ではない」と書かれています。どういうことなのでしょうか？

CMなどではIT企業が勤怠管理システムなどの単発のデジタルツールを宣伝しているので、業務のデジタル化＝DXという誤解が生じているようです。しかし**ビジネスにおけるDX**とは「紙をデジタルデータに置き換えればおしまい」というものではありません。

例えばデジタル技術を用いたビジネスプロセスを構築することで、企業は商品のデータや製造・販売プロセスなどをシステムで一括管理できるようになります。すると得られたデータを有効に活用して新たな顧客を獲得したり新事業を創出したりして成長していくことができるでしょう。

●ビジネスにおけるDX

もともとDXとは「デジタル技術の発達により社会全体が変化する事象」のこと。経済産業省がビジネスの視点で社会変化に対応し優位性を保つために企業が取り組むべき活動として定義づけている（P6）。

DXは、ウメオ大学エリック・ストルターマン教授が初めて提唱した概念です。

ビジネスでのDXとは、このように技術を駆使して企業が競争力を高め続けていくプロセスです。推進に伴い、社員一人ひとりにも新たな発想やアプローチが求められるようになり、小さな変革の積み重ねは既存の企業文化に大きな変革をもたらします。

経済産業省のHPに、DXは変革レベルにより、3段階に分類されると書かれていました（P6〜7）。段階を踏んで進めないといけないのでしょうか。

これも誤解です。経産省が定める3分類や、「**守りのDX**」と「**攻めのDX**」という言葉は、あくまで理解しやすいように分類されたにすぎません。

実際にDXを推進する際には、業界や企業ごとに状況も必要な変革も異なるので、段階や分類にこだわることはありません。

「これをすれば確実にメリットがある」と明確に分かっていることがあれば、変革レベルの低い取り組みを飛ばしていきなり「攻めのDX」から開始しても問題ありません。例えば、ネットで直送販売をすればすぐ売上が伸ばせると分かっているのに、それを後回しにして社内の効率化など「守りのDX」を優先させる必要はないのです。自社に適したDXから始めてください。

●守りのDX／攻めのDX

守りのDXは社内業務のデジタル化、攻めのDXはデジタル技術を活用した製品・サービス・ビジネスモデルの変革を指す。

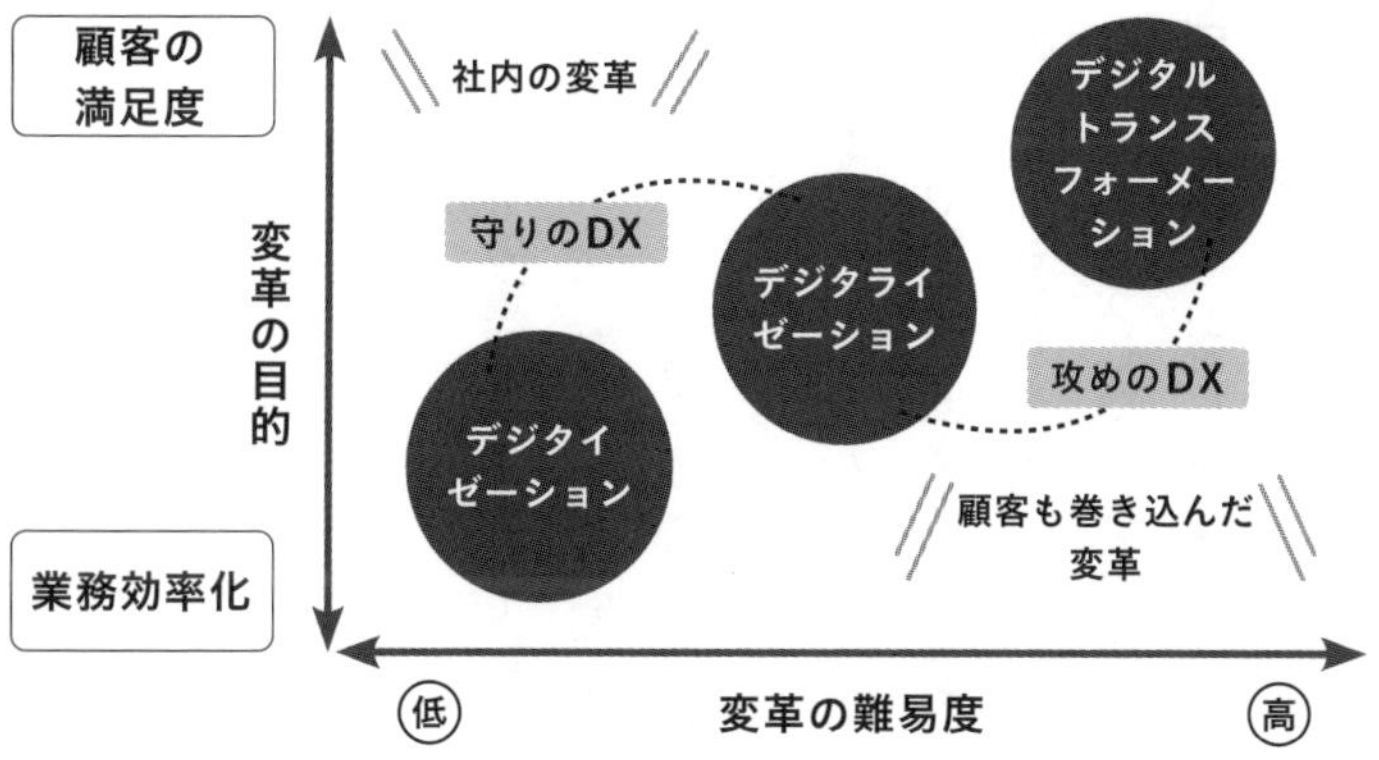
顧客の満足度
業務効率化
変革の目的
社内の変革
守りのDX
デジタルトランスフォーメーション
デジタライゼーション
攻めのDX
デジタイゼーション
顧客も巻き込んだ変革
低
変革の難易度
高

DXのメリット

生産性・事業継続力が向上。企業競争でも優位に

DXで企業の課題を解決できる

経営課題から社内の雰囲気まで。
DX推進はさまざまな好影響をおよぼす。

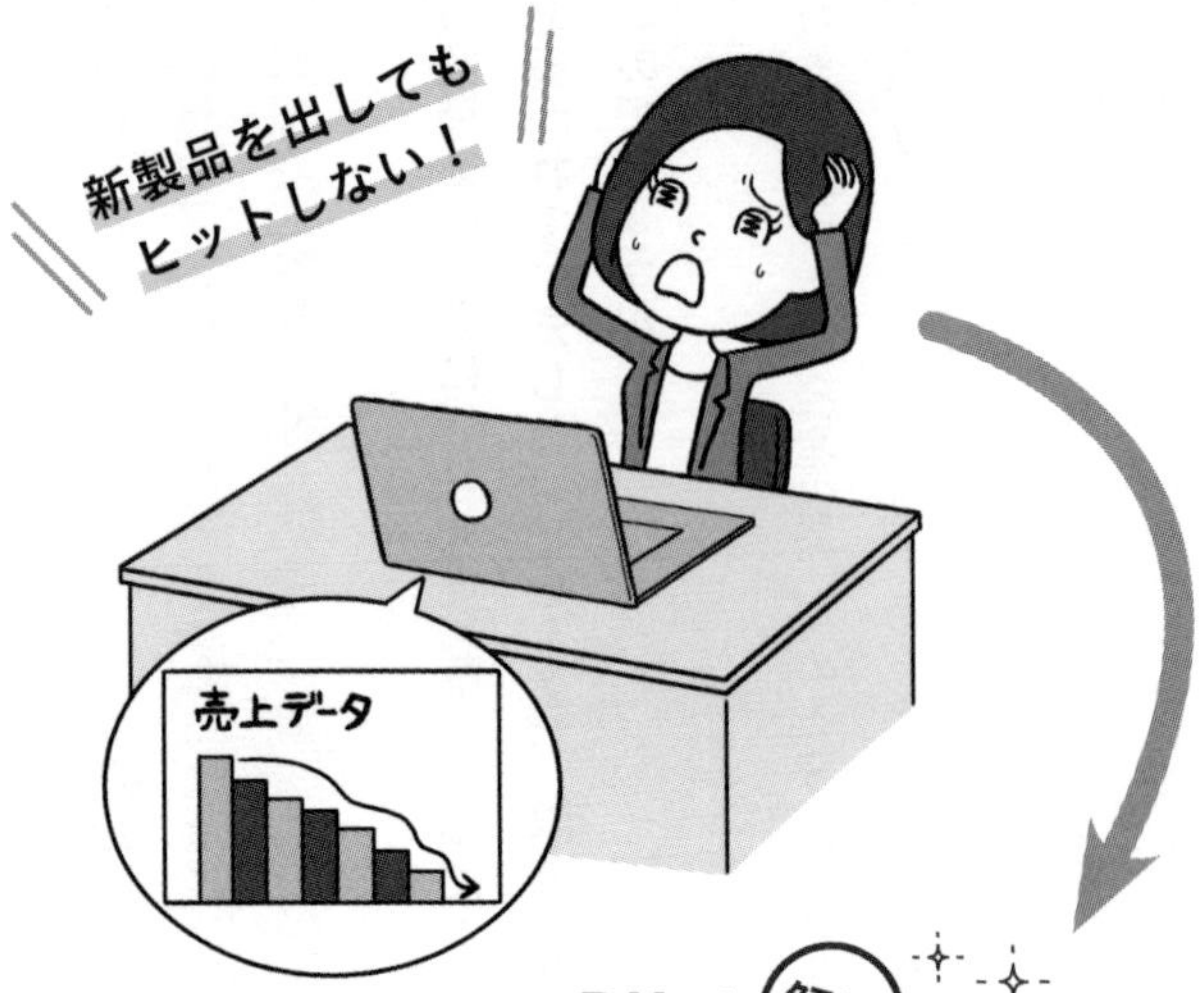
新製品を出しても
ヒットしない！
売上データ

DXで 解決

新製品・サービス案のヒントに

業務システムで顧客データを一元管理すると、顧客の購買行動や嗜好の分析が可能に。数値に基づいた、的確な企画立案が行える。

近年DXの重要性が増している要因の一つが、激変する社会です。猛スピードで進化するデジタル技術により人々の思考や行動は刻々と変化しています。また感染症の流行や戦争、風水害など想定外のリスクもあります。

企業は、こうした社会変化の中で目まぐるしく変わる消費者のニーズに素早く対応しなくてはなりません。デジタル技術を活用して変化をとらえ、自らも変革していけるかどうかに企業の存亡がかかっているのです。

変化にはおよび腰……
新しいことにチャレンジできない

リスクは
避けたいからねー
いい案だと
思ったん
ですけど……

DXで 解決

企業カルチャーを変革させる

DXで、小さな変革を繰り返すことで、企業文化が良い方向に変化。変わることを恐れなくなり、社会に合わせて素早く柔軟に対応できる企業に。

人手不足で
長時間労働が恒常化……

DXで 解決

業務効率化によって
生産性を向上させる

バックオフィスへのツール導入により、単純作業を自動化。業務のさまざまなムダをなくす。浮いた時間で、より価値の高い業務にあたることができる。

もし災害が来たら、
重要書類大ピンチ！

DXで 解決

災害発生時における事業継続

クラウド上のサーバにデータを保存することで、損失を防ぐ。外部からのアクセスも可能になる。災害発生時も従業員が社外にいながら事業を継続できる。

2000年代から試行錯誤していた大企業。変革が当たり前の文化を作ってきた

中小企業がDXを推進するときに、大企業の成功事例をモデルにすることはあまりお勧めしません。

大企業は20年以上かけて変革を続け、試行錯誤の結果現在のようなDXの基盤を整えています。一見大きなプロジェクトとしてすっきりまとまっているようでも、その裏には多くの失敗や小さな変革が隠れているのです。

表面だけ見て大企業と同じことをしても上手くいきません。できる範囲内の小さな変革を繰り返し、一歩一歩進めていってください。

大企業がDXに踏み切った背景

デジタル技術の発達による社会変化の影響を受け、大企業はDXを進めざるを得なかった。

2000年代の社会の変化

インターネットの発達
誰もがネットで情報発信・取得可能に。オンラインショッピングも発達し購買方法が変化。

スマートフォン登場
通信環境が整い、一人一台スマホを持つ時代に。スマホを活用した新ビジネスも多数登場。

GAFA《ガーファ》の登場
海外のIT企業が他業種に進出。デジタル技術を用いた新サービスとの競争を迫られた。

社会情勢の変化速度アップ
異常気象、自然災害、政治的対立など、想定外の危機が毎年のように起こるように。

変化に対応し生き残るため、DXを進めざるを得ない状況に。

DX成功に至るまでの大企業の取り組み

大企業は、2000 年代の初めから試行錯誤しながら、IT 基盤、人員配置、制度や文化を整備していった。

人事評価・採用基準の見直し

目標管理制度やインセンティブ制度で社員のモチベーションアップを図る、DX 人材の採用基準を作成するなど、制度を整備。

チャレンジを奨励する文化作り

社員が DX 推進に対して失敗を恐れず改革案を出せるように、結果だけでなく、取り組みへの姿勢や過程も評価するように。

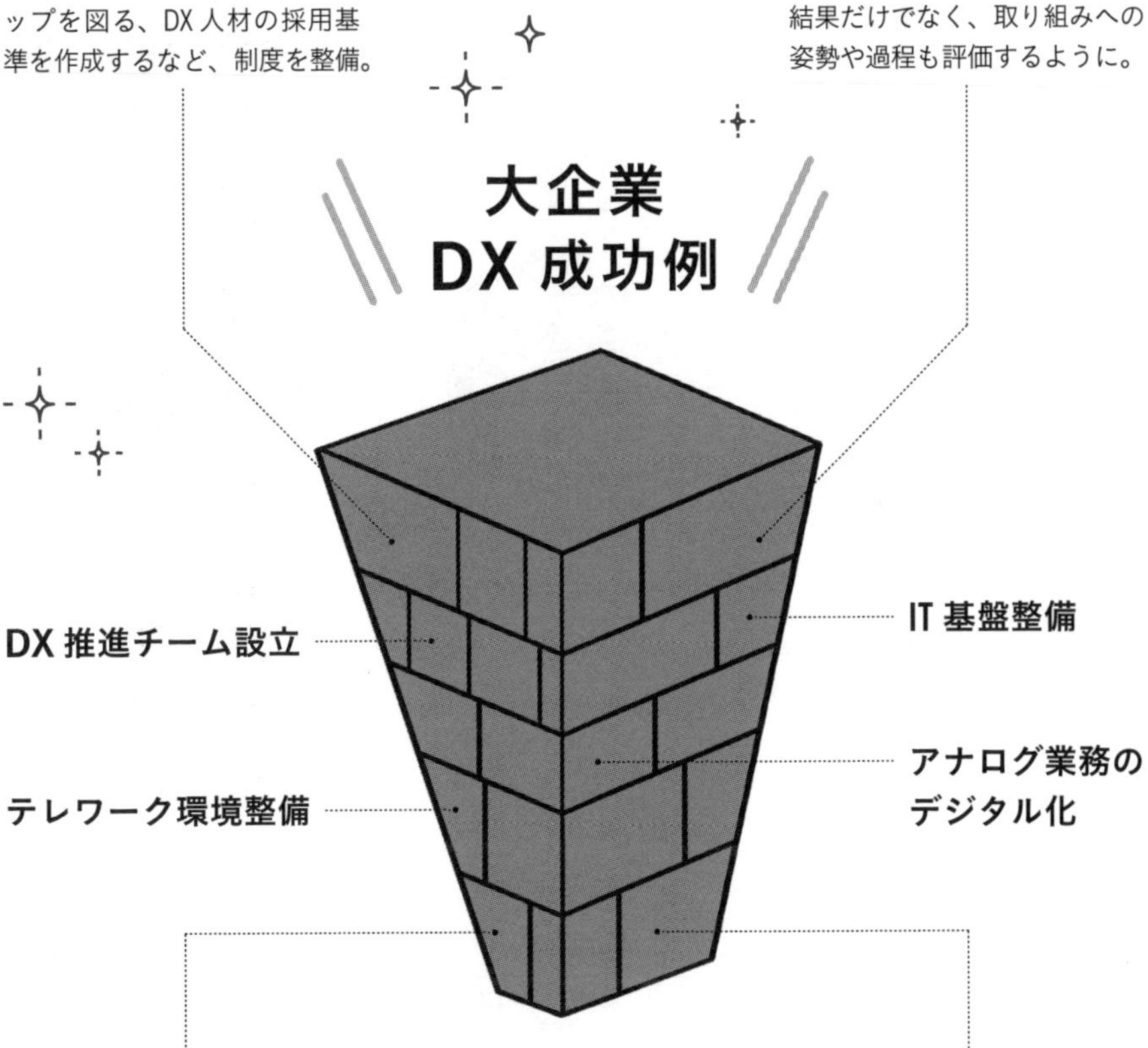
大企業
DX 成功例
DX 推進チーム設立
テレワーク環境整備
IT 基盤整備
アナログ業務のデジタル化

大企業の DX 成功は、時間をかけ地道に取り組んだ変革の基盤整備の上に成り立っている。

大規模な人員配置変更

事務業務の自動化によるスタッフ削減、デジタル技術を使ったビジネスの新会社設立など、新たなビジネスの創出。

基幹システム刷新

ERP* の導入と刷新を繰り返し、業務を標準化。また、全社横断的なデータ活用で、データに基づいた経営判断が可能に。

* 企業が持つ、物的・人的資源や資産などを統合的に管理することで、業務や経営全般の効率化、最適化を図る考え方。またはそれを実現するためのシステム。

先延ばしの原因は人とお金の問題。DXの優先順位を高める根回しが大事

DXが上手く進まない原因の一つが「先延ばし」です。

例えば人手不足や機器の故障などのトラブルは、すぐに対処しないと事業に支障が出るので優先されます。

一方DXは今すぐやらなくても困る人が少ないので切迫感がありません。日々の業務に埋もれて後回しにされるうち、企業はどんどん競争力を失って衰退の一途をたどることになります。

手遅れになる前に差し迫った危機として認識することが重要です。

シーン別にチェック！ 人とお金の問題に対策を打つ

DXに取り組む際、最初につまずきやすいお金と人の問題を理解し、対策を打っておく。

役員会議にて

推進しても評価されない

DXに取り組んでも人事評価の対象にはならず、DX推進リーダーはモチベーション不足に。人事評価制度を見直したり、報奨を付与したりする。

▶P51

推進する意味が分かっていない

非DXを目の前にあるリスクとしてとらえにくく、費用や人員の投資が後回しになりがち。DXについての研修や勉強会に出席し、意識を変えてもらう。

▶P124～125

人の問題

現場にて

推進したくても言い出しづらい

心理的安全性が低い環境では、特に若手は意見を言いにくい。推進リーダーが個別に面談するなどし、若手が意見を言いやすい場を作る。

▶ P36

通常業務で忙しい

DX 推進が本来の業務として認識されておらず、人員を割くことに同意が得られない。小さな成功体験を作り、DX の意義を理解してもらう。

▶ P60〜65

お金の問題

外部の力を借りられない

コンサルは費用の折り合いがつかないことも。公益団体やスポットコンサルなど、比較的安価で相談できる相手を頼る手段も視野に。

▶ P120〜121

DX にまわす余裕がない

推進費用を捻出するのが難しい場合は、国や地方自治体の補助金・助成金を活用する。国をあげて DX 推進を推奨しているため、種類も豊富。

▶ P136〜137

成功のポイント "合意形成"を図る

経営者とDX推進リーダー、社員。関係者全員が納得して進める

関係者がそれぞれ、お互いに合意をとる

DXの取り組みを始める前に、大目標を共有。
経営者、推進リーダー、現場の社員の合意形成を図る。

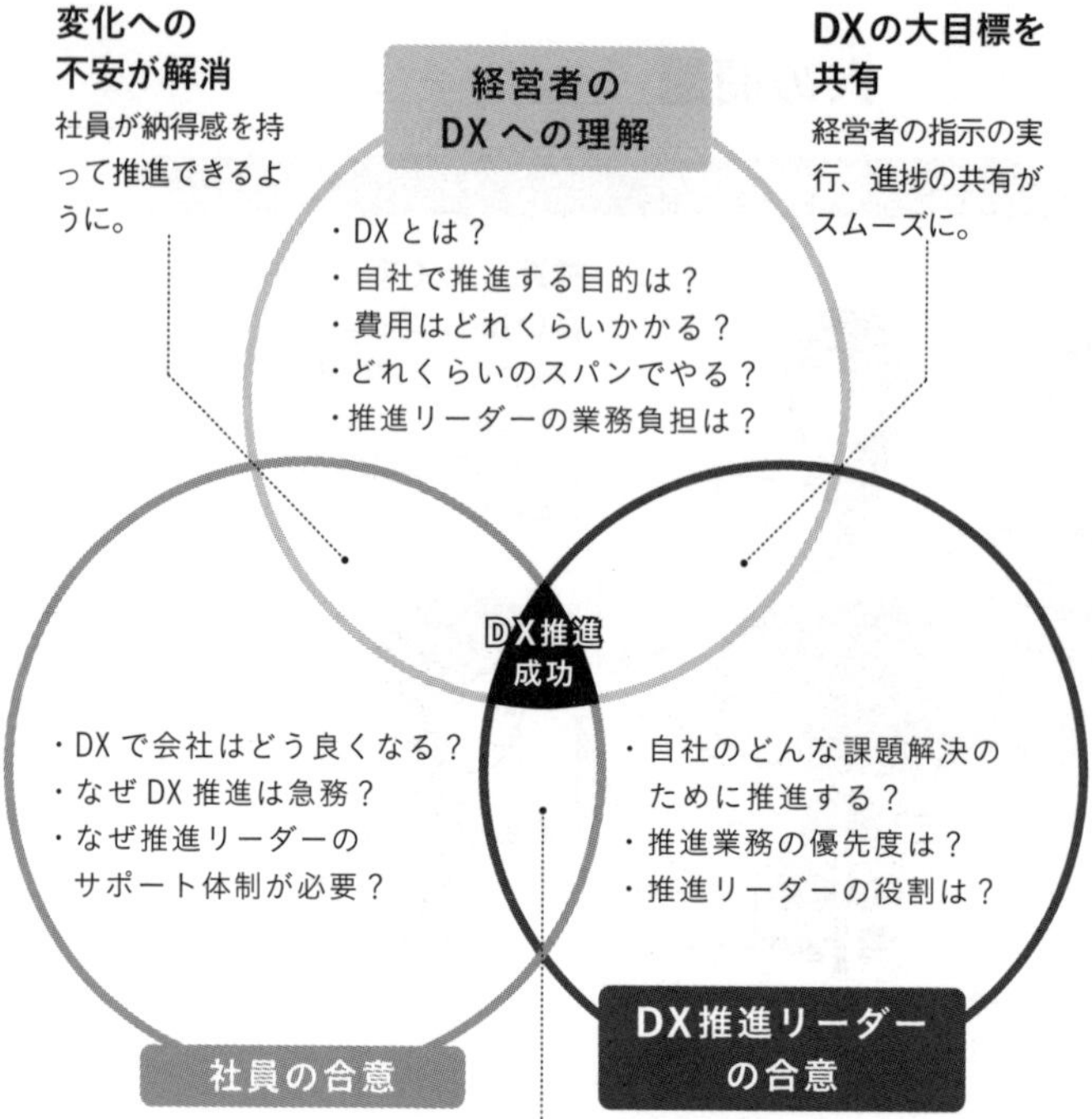

変化への不安が解消
社員が納得感を持って推進できるように。
DXの大目標を共有
経営者の指示の実行、進捗の共有がスムーズに。
経営者のDXへの理解
・DXとは？
・自社で推進する目的は？
・費用はどれくらいかかる？
・どれくらいのスパンでやる？
・推進リーダーの業務負担は？
DX推進成功
・DXで会社はどう良くなる？
・なぜDX推進は急務？
・なぜ推進リーダーのサポート体制が必要？
・自社のどんな課題解決のために推進する？
・推進業務の優先度は？
・推進リーダーの役割は？
社員の合意
DX推進リーダーの合意

現場の反発が減少し、交渉が順調に進む
社員がDX推進に協力的になり、スムーズな推進が可能に。

DXの成否を分けるポイントの一つが、開始前の準備です。

特に経営者と推進リーダー、関連する社員が全員で課題を共有し、納得した状態でスタートすることが何よりも重要です。

例えば打ち合わせのとき「やれと言われたからやっているんですけどね」とか、「自分ではこっちのほうが大事だと思っているんですが」など、推進リーダーに不満があるままでは、周囲も納得感を持って進められません。1年経っても何も進まず、プロジェクトが

NG case 1

もしも、DXを正しく認識していない
経営者が関与してDXを推進したら……

経営層がDXを正しく認識し、役割を理解していないと、正しい意思決定・評価・人選が行われず、推進の継続が困難に。

人選・評価を誤る
未熟な人材を担当させ、推進が難航。また十分な評価をせず、推進リーダーの不満がたまる。

プロジェクトが止まる
DXの重要度への理解が浅く、短期的な費用対効果を追いすぎて、プロジェクトが中断。

課題の解決手段まで指定する
中途半端な知識で、最適でないツールを導入してしまい、時間とお金がムダに。

社員への説明ができない
DXの目的・目標について経営者からの発信が弱く、社員が納得して動いてくれない。

回避するには…

- 外部のDXについての研修や勉強会に参加する
- 最近のデジタル技術やツールについて専門家の説明を聞く
- 推進成功事例を持つ他社に話を聞きに行く

立ち消えになることもあります。

経営者と推進リーダーは一緒にITベンダー（P118）の説明を聞き、研修や勉強会に参加するなどして知識を共有しましょう。

関係者全員の合意形成は、DX推進の成功において欠かせない過程です。

Column

DXでは“常に学び続ける”マインドが重要

日々新たなデジタル技術やサービスが世界中で生まれています。

そのため、一定の知識習得で満足せず、常にアンテナを立て、最新の情報を収集する習慣が大事です。「分かっている」と思い込まず、日々学び続けるマインドを持ちましょう。

NG case 2

もしも、経営者と DX 推進リーダーが合意をとらなかったら……

経営者と推進リーダーで、自社の課題や DX 推進の大目標を共有していないと無理解や認識のずれで推進が間違った方向に進んでしまう。

離職

推進リーダーの業務調整をしないまま、過重労働になり、離職につながるケースも。

モチベーション不在

DX を推進する意義が分からずやる気が出ないまま追加された推進業務に追われることに。

社員への交渉ができない

経営者による DX 推進の旗振りができていないと、推進リーダーが現場の社員と交渉するとき、説得力ある説明ができない。

プロジェクトの失敗

経営者が間違った理解や不十分な理解で推進リーダーに指示すると、推進側と経営側の期待や目標が合わず、プロジェクトが頓挫する。

＼＼ 回避するには… ／／

- ✔ 経営者と一緒に研修や勉強会に参加したり、IT ベンダー（P118）に話を聞いたりする
- ✔ 経営者と 1 対 1 で面談し、経営課題を共有する

必要に応じて人員を追加投入できる大企業とは異なり、資金や人材が限られた中小企業では、今ある人員で推進体制を作るしかありません。このため社員の業務や時間などの調整が欠かせず、現場の合意形成が一層重要となります。

例えば推進リーダーの通常業務を誰がやるのか。パートやアルバイトに頼む場合、どの程度シフトを増やす必要があるのかなどを細かく検討します。

このような人員のやりくりを行うには、現場スタッフの理解が不可欠です。経営者や部長層は、現場でのDXの必要性・自社が推進する目的を説明してください。DXに関わる人も関わらない人も全ての社員が納得した状態で始めるようにしましょう。

NG case 3

もしも、経営者・DX推進リーダーが

社員の合意をとらなかったら……

社員がDXの必要性・優先度の高さを理解していないと、人材の調整や、業務のやり方の変更に納得できず、反対が起こりやすい。

協力が得られない

DX推進の必要性への無理解から、推進に係るお願いや手伝いを聞き入れてもらえない。

DX推進業務の優先順位が下がる

通常業務が忙しいために、DX関連の業務が後回しにされてしまう。

不安なまま推進

一部の社員などは、デジタル化で職を失うのではないかという不安を抱き推進に消極的に。

営業行って
きまーす

推進リーダーへの風当たりが強くなる

仕事の慣習を変えることを余儀なくされるため、反発が強まる。

回避するには…

- DXの必要性を、集会などで全員に話す
- 朝礼などで日常的に話題に出し、DX推進の雰囲気を作る

また、DXを推進する際には「推進するとこんなに良いことがあるよ」という夢物語を語りがちです。しかしそれでは切迫感が生まれず後回しにされかねません。

ときには「やらないと大変なことになる」「目の前のことだけやっていると3年後には会社が危ないかも」といった「ホラーストーリー」を語ることが必要な場合もあります。

早く推進をスタートしたい気持ちは分かりますが、合意にはきちんと時間をかけましょう。

まず課題と解決手段、試算。次に人材集め。半年以内に一つ目の成功体験を作る

DX推進の取り組みには主に3つの段階（フェーズ）があります。大まかな流れを把握してからスタートしてください。

フェーズ① 推進リーダーを決めてバックアップ体制を整え、プロジェクトをスタート。

フェーズ② 課題選定や解決策の検討など、現場と交渉を重ねて業務変革を実行する。

フェーズ③ 導入後の課題を共有して対処し、改善を続ける。

一つのフロー終了後は次の取り組みに着手します。

着実に手順を踏み、DX失敗を防ぐ

合意形成、導入前の準備、導入後のフォローアップ。一つひとつ手堅く行えば、次の取り組みへつながる。

フェーズ①

全員の合意のもと、最初の取り組みをスタート

推進体制を整え、課題を決定。経営層のGOサインをもらい、プロジェクトをスタートさせる。

前段階

合意形成

経営者・DX推進リーダー・社員、全員で
DXの大目標を共有したうえで、推進スタート。

↓

STEP 1

DX推進リーダーの決定

自社の推進体制において適切なポジション、かつある程度の経験と人望がある人物を、DX推進のリーダーに任命。

〈推進体制のタイプ〉
①経営者が先導して推進する
②経営者の他に人を立てる
―ITスキルの高い人物・ITの知見がある部署を中心に推進
―部長が連携して推進

▶P46～49

STEP 2

取り組む課題・解決策の選定

推進リーダーが中心となり、取り組む社内の課題を決める。明らかな課題と認識されているものがあれば、その解決から着手。特にない場合は、事務業務の改善から始める。

取り組む課題は決まっている？

Yes

共通認識の社内の課題を解決

各部署で発生している問題を取りまとめ、社内共通の課題を発見。経営課題とずれていないか確認後、ツールを導入する。

▶P61〜63

No

他社事例の多い業務効率化を実施

メジャーかつ自社の業務効率化に有効な手法をいくつかピックアップ。経営課題と照らし合わせた後、現場の意見を聞いて施策を実施。

▶P64

STEP 3

経営者が意思決定する

取り組みの概要を提出し、意思決定を仰ぐ。ROI（P78）を算出し、取り組みの有益性を論理的に説明できるようにしておく。

〈必ず合意をとる3つの項目〉
★推進の目的・目標の認識　★費用
★スケジュール

▶P66〜67

プロジェクトスタート

デジタル技術やツールに詳しい君に推進リーダーを任せるよ。僕もデジタル知識を身につけていくから、一緒にがんばろう。
分かりました！部署のメンバーに早速伝えます！

フェーズ②

業務変革の施策を現場で実行

経営層の号令のもと現場の協力を得ながら準備し、
フェーズ①で決めた施策を実行する。

STEP 1

経営者がDXの目的を周知する

DXの目的・目標を簡潔に、スローガンとして掲げる。集会や朝礼などで、社員全員に周知する。

▶P68〜69

STEP 2

DX推進リーダーのサポート体制を作る

推進リーダーの相談役と、通常業務や推進業務を手伝うサポートメンバーを決める。

▶P50〜53

STEP 3

実行前の事前準備

ツールを導入する場合は、業務で実際にツールを使う社員にフィードバックをもらう。

▶P70〜71

〈選抜する社員2タイプ〉

- 業務全体を把握している人
- 実際に業務にあたる現場の社員

導入

ＤＸの典型的な失敗例が「とりあえず人だけ集める」パターンです。「部署から一人ずつ出してもらって定例会を行ったのに1年経っても何も決まらなかった」というケースも珍しくありません。自社が直面する課題を明らかにしてから、人を集めましょう。

また、ＤＸを推進すればすぐに成果が出る、という誤解が推進を妨げることもあります。投資に対する利益がなかなか得られないことに、しびれをきらした経営者が、推進にストップをかけてしまうことも多いです。

経営会議でＤＸ推進の成果を報告するときは、数値的な利益だけでなく、人や企業文化の成長など数値化されないメリットも評価しましょう。

フェーズ③

導入後も改善を続け、定着させる

実行した施策について現場の意見を聞き、改善を続ける。
導入後の支援が、定着するかどうかの分かれ道となる。

STEP 1

業務変更後の状況をヒアリング

ツール導入などの業務変革を実行した後、現場の社員に変更後の業務について意見を聞き、不便な点や問題となっている点を吸い上げる。

▶ P73

STEP 2

課題を発見

吸い上げた問題から、共通して出てきたものや、重要度の高いもののみを取り上げ、課題と解決策を選定する。

▶ P74

〈よくある課題〉
- 社員への定着率の低さ
- 想定外の業務への対応
- IT スキルが低い社員のサポート

STEP 3

改善を続ける

課題を解決し、社員が自ら改善を継続できるようになるまで対処を続ける。

→ 定着

DX は継続しないと意味がありません。経営会議で経営陣に成果を報告し、引き続き予算を割いてもらいましょう（P76～77）。

COLUMN

DX推進でも重要な心理的安全性。社員が安心して発言しチャレンジできる環境を整える

◎心理的安全性が確保されていないと、DX推進は難しい

心理的安全性とは、安心して自分の意見や気持ちを表現できる状態を言います。「馬鹿にされるのではないか」「失敗したらどうしよう」と思うと、せっかく良い意見があっても発言できません。このため、企業やチームでは心理的安全性の担保が重要視されているのです。特にDX推進では、上下関係や部署を超えて意見交換したり、顧客に近い現場ならではの提案や気づきを積極的に発信したりすることが社員に求められます。経営者やチームリーダーは、個別に社員が本音を言える場所を設けたり、意識的に雑談をし、気兼ねなく話せる関係を構築したりすることを心がけましょう。

あなたの職場は？
心理的安全性をチェックする7つの質問

① チーム内でミスをしたとき、指摘されても非難はされない
② チーム内で難しい問題・課題をお互いに指摘し合える
③ チームメンバーは、異質なものでもまず受け入れる
④ チーム内でリスクの高い発言や行動をとっても安全だと感じられる
⑤ 必要な場合、すぐにチームメンバーに助けを求められる環境である
⑥ チーム内に、他者を陥れようとする人物はいない
⑦ このチームでは、自分のスキルや能力が尊重され、発揮できていると感じられる

ポジティブな回答が多いほど、心理的安全性が高い職場／チームだと言えます。

◎同志が集まり、自発的に取り組みが続くのが中小企業の理想

中小企業は、大企業に比べて少人数で経営層と社員の距離が近いのが特徴です。社員発のアイデアで、素早く大胆に組織を変革させることも可能です。例えばある企業では「社員がマニュアルをしっかり読まない」という問題があったのですが、動画投稿が趣味の社員がマニュアルを動画にしたところ、以前よりマニュアルを読む人が増えたといいます。各社員が自発的に行動するようになることこそ、中小企業のDXの理想的な姿と言えるでしょう。そのためにも心理的安全性の高い環境を構築することが大切です。

PART

2

DX推進リーダーの役割・選び方

課題意識が強く、
縦・横と連携がとれる人材を推進リーダーに

経営者はDXの必要性を発信する。推進リーダーには課題意識と人望が必要

●DX推進体制の基本

うちの会社もDXを推進しなくてはと思うのですが、社長の私を含め経営陣はアナログ人間ばかり。デジタル技術やツールのことなど全く分からないのですが、大丈夫でしょうか。

経営者がデジタル技術やツールに詳しくなくても大丈夫です。だからといって、社員に任せきりにはせず、必要な場面で経営判断ができるように、デジタル技術の動向は日々勉強しておきましょう。

実務を社員に任せる場合でも、経営者は「旗振り役」として、会社全体が前向きにDXに取り組める雰囲気作りをしてください。そのためには自らがDXの本質を理解し、「なぜ今、この会社にDXが必要なのか」「自社にはどんな課題があり、それをDXでどのように解決していくのか」などDXの目的や意義を社内に周知することが大切です。経営層自ら発信することによって、DXに対する社

旗振り役、意思決定を行う

経営者

経営者自ら推進する場合、他の社員を立てて推進する場合のいずれも、経営者が旗振り役となって推進の方向性を決定する。また、責任を持って意思決定を行う。

員の理解が進み、全社で推進する体制が形成されていくはずです。

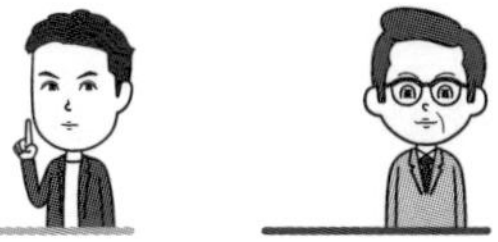

昨年入社した新人の中に、とてもデジタル技術やツールに強い社員がいます。体力もやる気もあるみたいだから、彼をＤＸ推進リーダーに抜擢しようと思います。

知識があるに越したことはありませんが、推進リーダーには一定のビジネススキルと自社ビジネスや文化への理解も必要です。

例えば会社全体の業務を把握していなければ、どこにどんな課題があるのか理解することは難しいでしょう。

また、全社的な取り組みを進めるには部署間の調整も必要なので、調整能力や人望も欠かせません。特に「自社を改善しなくては」という強い変革マインドがなくては、反発する人たちと粘り強く話し合い、説得する気力を持ち続けることはできません。

そう考えると、知識のある若手を抜擢する場合は、社内調整ができるベテラン社員や管理職をサポートにつけて、やる気のある社員が活躍できる環境を作るのがよいでしょう。

一般に変革活動当初は賛同者が少なく、反発や抵抗にあうこともあります。推進リーダーがスムーズに仕事を進められるよう、経営層がサポート体制を整え、バックアップすることが必要です。

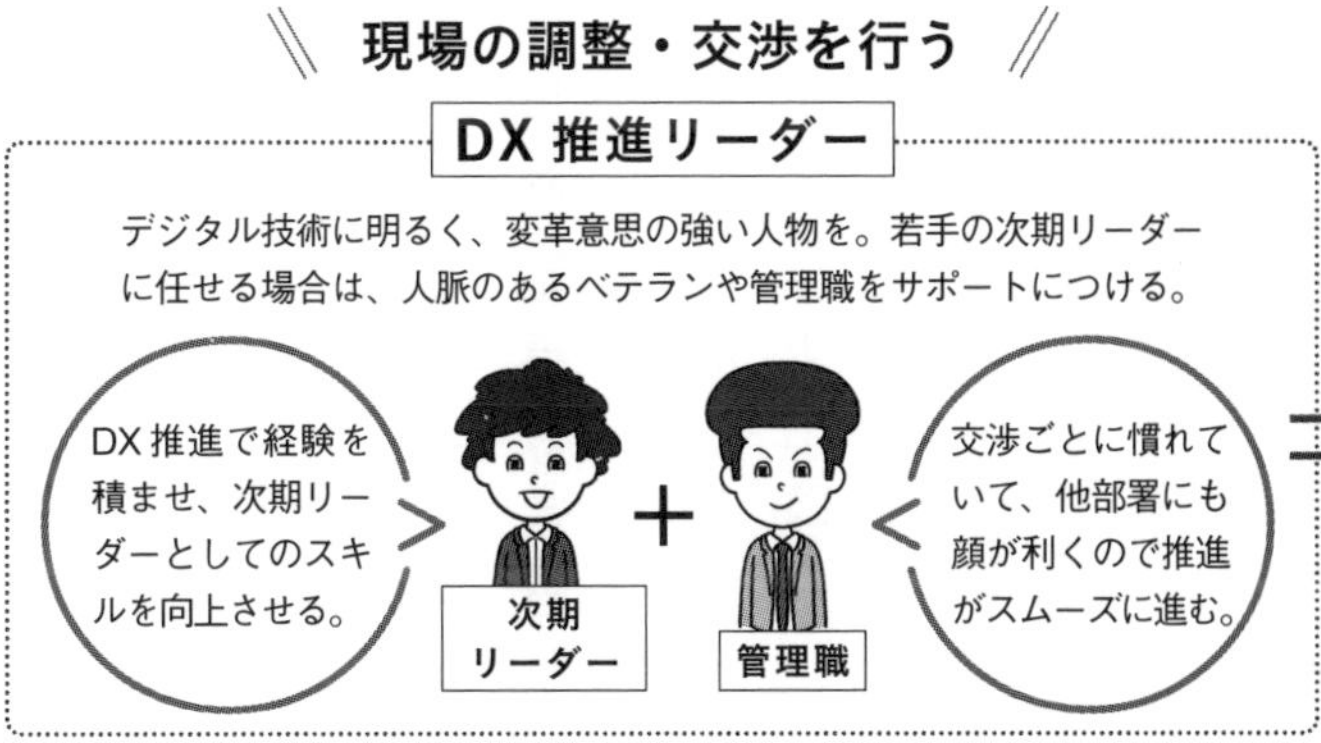
現場の調整・交渉を行う
DX 推進リーダー
デジタル技術に明るく、変革意思の強い人物を。若手の次期リーダーに任せる場合は、人脈のあるベテランや管理職をサポートにつける。
DX 推進で経験を積ませ、次期リーダーとしてのスキルを向上させる。
次期リーダー
管理職
交渉ごとに慣れていて、他部署にも顔が利くので推進がスムーズに進む。

経営者が自ら推進する場合でも、現場とのやり取りは現場との距離が近く業務に詳しい推進リーダーが行った方がスムーズ。

経営者、またはＩＴスキルの高い社員。推進可能な人物を中心に、推進体制を作る

中小企業の実際の推進体制は、推進できる人がどこにいるかによって決まります。

経営者のＩＴスキルが高い場合や、比較的小規模で経営者自ら実務を行っている場合などは、おのずと経営者自身がＤＸを推進する体制がとられます（上図参照）。

小規模な会社は、経営者が社員一人ひとりの顔や担当業務を把握しており、コミュニケーションを取りやすい環境にあります。また、経営者自ら実務を行っていれば、業務課題に気づきやすいでしょう。

経営者が先導して推進する場合

経営者自ら具体的なプランを立て、
社員に指示を出す。

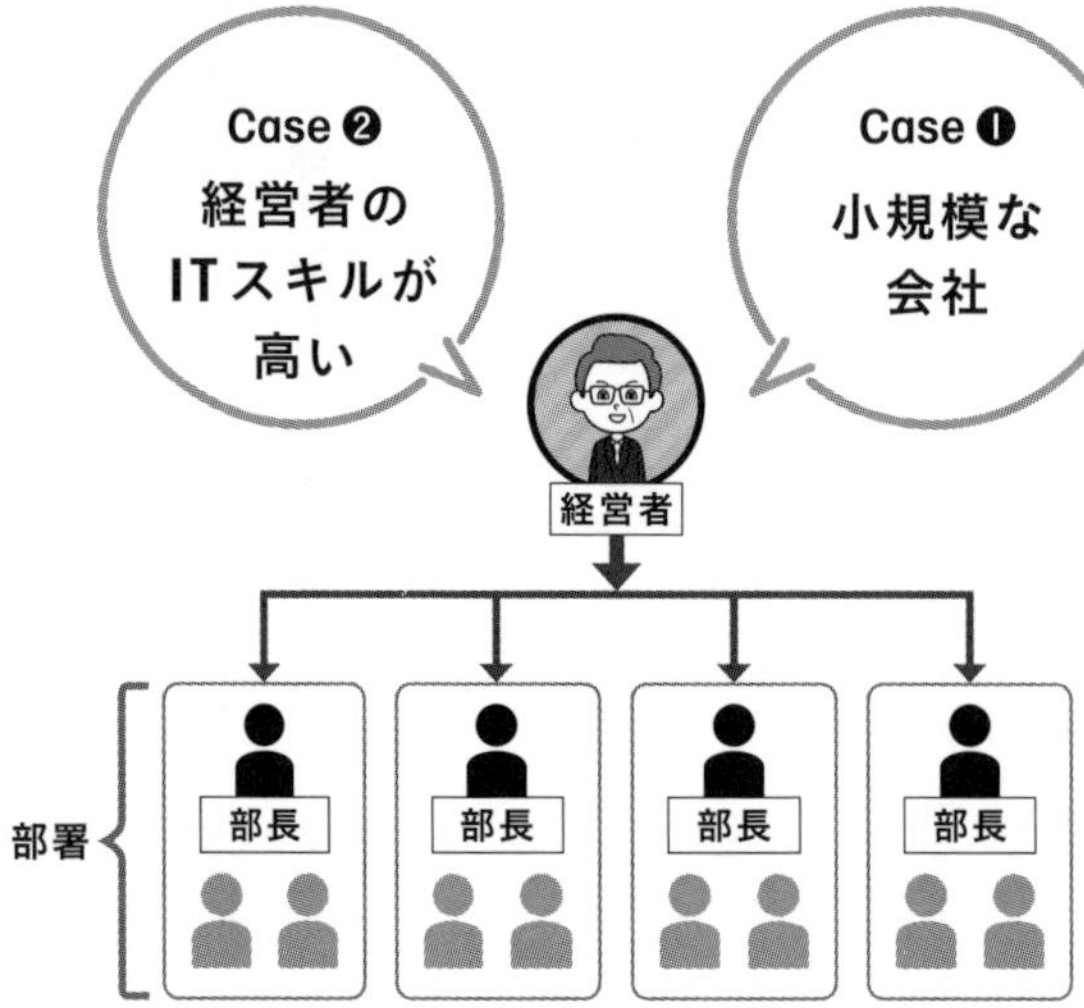

Case ❶
小規模な会社
Case ❷
経営者のITスキルが高い
経営者
部署
部長
部長
部長
部長

経営者がITに明るい場合や小規模な会社の場合は、おのずと経営者自身が先導してDXを推進することが多い。ただし、細々とした現場とのやり取りなどの実際の業務は、現場に近い人を立てるほうがスムーズ。

経営者の他に人を立てる場合

**ITスキルの高い人物が経営者に指名され推進リーダーに。
取り組みの規模が大きくなれば、部長同士で連携して推進する。**

❶ ITスキルの高い人物・ITの知見がある部署が中心となり推進する

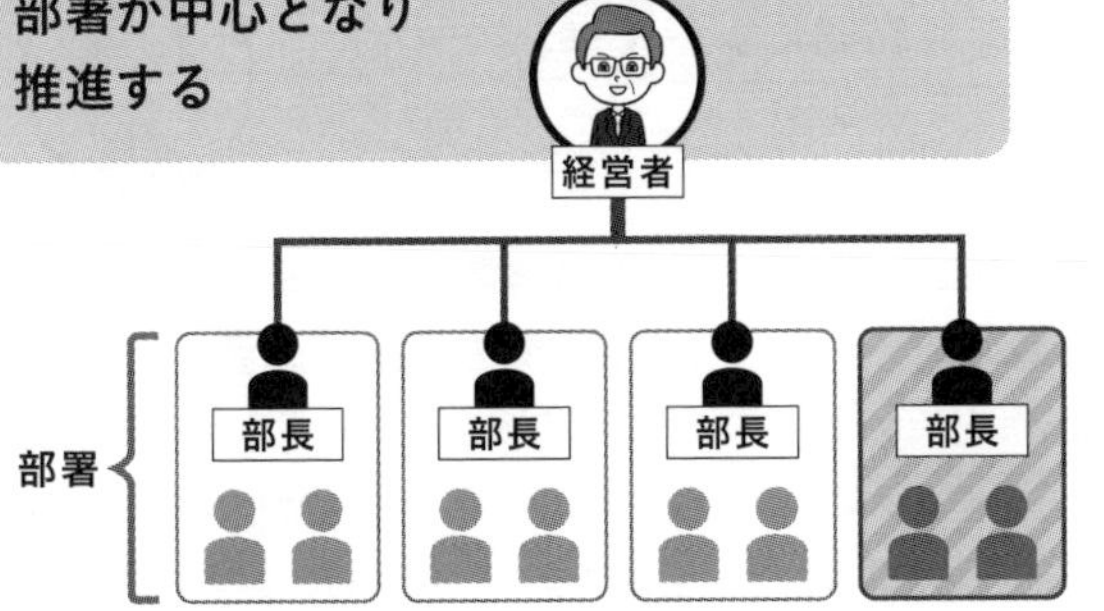
経営者
部長
部長
部長
部長
部署

社員が推進リーダーになる場合には、経営者が適任者を指名する。ITスキルの高い人物がいれば、その人物を中心に推進チームを作る。ITに関連する業務を担当する部署があるなら、その部署に任せる。いずれも、推進リーダーに負担がかかりすぎないよう、社内各部でサポート体制を整える（P50）。

❷ 部長が連携して推進する

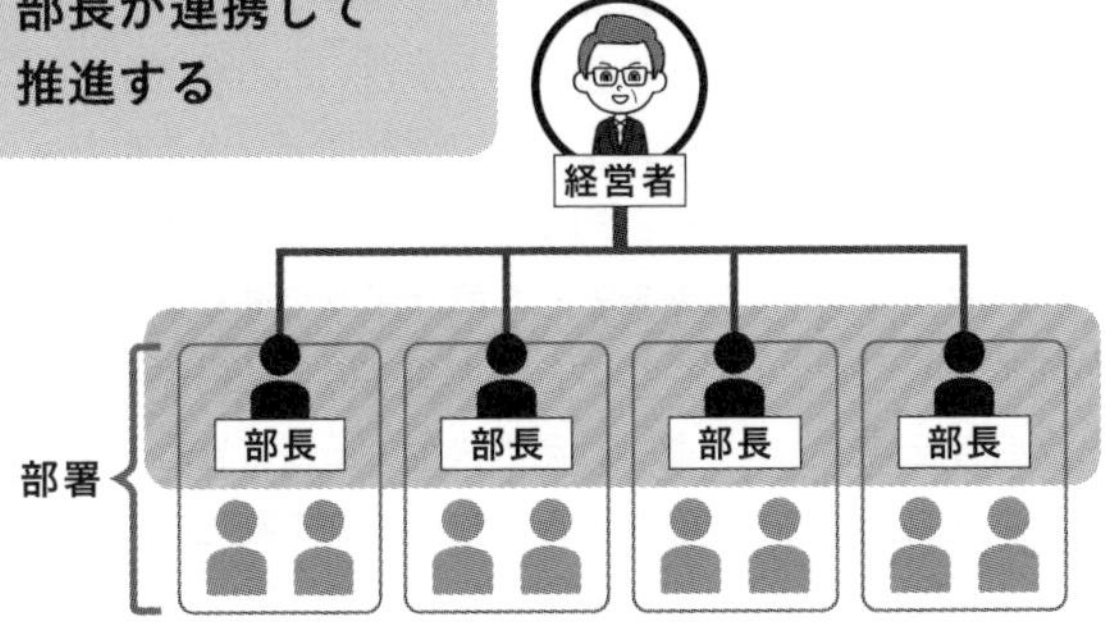
経営者
部長
部長
部長
部長
部署

DXの取り組みがある程度進むと、部署の垣根を越えた連携が必要となる。この段階になったら、各部署の部長同士で協力できる体制を整える。推進リーダーは他の部長と意思疎通を図りつつ、意見をまとめ、プロジェクトを推進する。

経営者に推進が難しければ、他の社員を推進リーダーに

一方、経営者のITスキルが高くない場合、デジタル知識のある人物が、社内での業務を任されることが多いようです（図①参照）。

本来推進リーダーとなる人材には、デジタル知識だけでなく、高度なビジネススキルや変革マインドも必要です。中堅社員をリーダーにして、ITに詳しい若手をアシスト役にする方法もあります。

DXが進み部署間の連携が必要となってきたら、部長同士の連携体制を作ります（図②参照）。

いずれにせよ経営者は常に進捗状況を把握していることが大切です。推進リーダーや社内各部と連携をとりつつ全体を見渡し、必要な調整を行ってください。

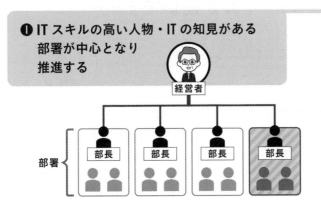

先生教えて!

Q. DX推進を任されたのですが……いきなり全部署を巻き込むのはハードルが高いです……

A. 変革する業務の影響範囲によっては、1部署のみで推進できます

● 1部署限定の業務なら、その部署のみで推進可能

いきなり大掛かりなDXを進めようとするのは失敗のもとです。大事なのは、小さな成功体験を積み重ねながら社内にポジティブな意見を増やしていくこと。初めは部署内に限定した業務から着手するのが良いかもしれません。

例えば名刺管理ソフトを使い、名刺のデジタルデータ保存に取り組むなど、営業部だけで完結する業務過程のデジタル化なら、全部署を巻き込まなくても推進できます（図1）。

小さな試みを一つずつ進めていくにつれ、他の部署にも肯定派が増えていきます。DXを積極的に推進できる環境が、社内に整えられていくはずです。

●部署横断の取り組みは、各部長の連携が必要

部署内限定の取り組みがある程度進んだら、部署を横断した取り組みを始めます。例えば、請求書発行システムを使ってデジタルデータで請求書をやり取りするなどの業務が考えられるでしょう。この場合も、まずは1部署で試しにデジタル化を進め、知見をまとめてから、全部署を対象とした取り組みを進めます。

このとき重要なのが社内体制の見直し。意思決定する経営者も上手く巻き込み、推進体制を整えてください（図2）。

このように、自社のDXの推進段階（P6～7）に応じた柔軟な体制作りがとても大切なのです。

(図 1)

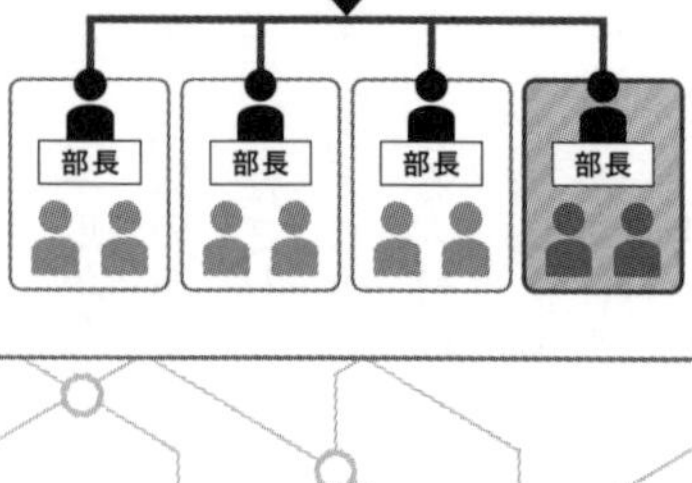

(図 2)

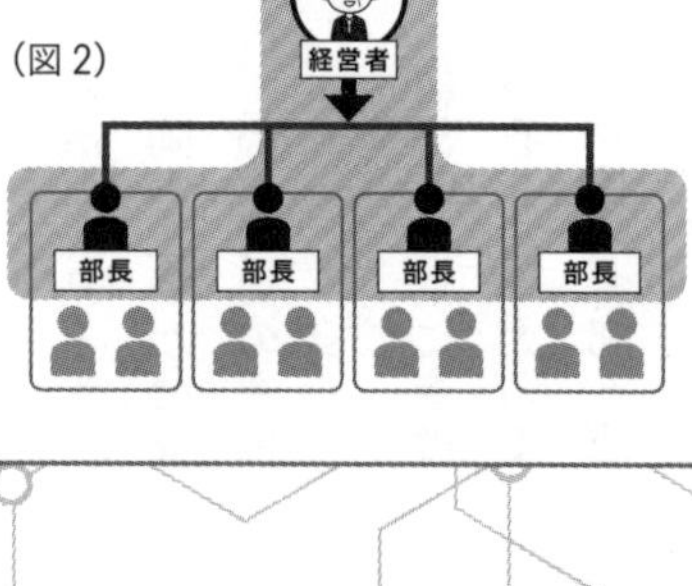

DXの推進段階ごとの取り組みの具体例

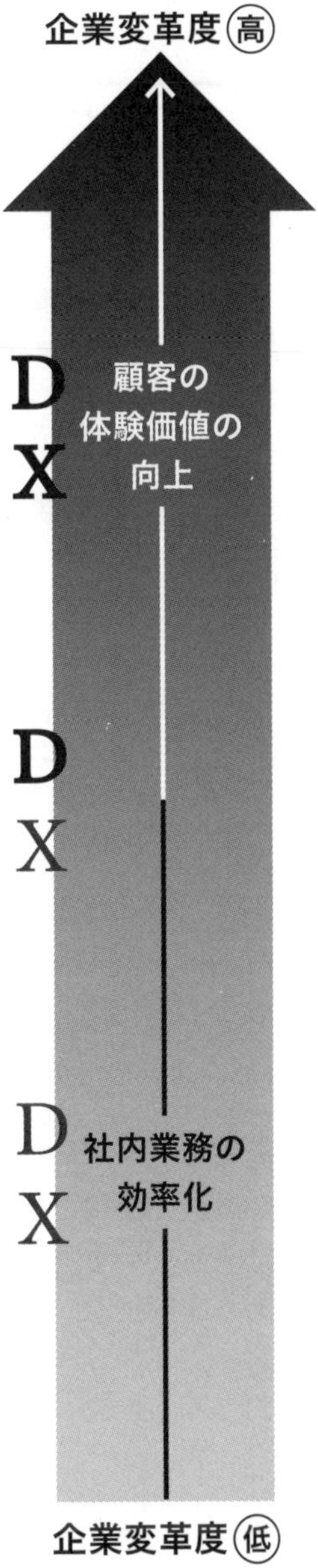
企業変革度(高)
DX
顧客の体験価値の向上
DX
DX
社内業務の効率化
企業変革度(低)

デジタルトランスフォーメーション

ビジネスモデルを変革し、サービスの提供価値を高める

売り方のしくみ・顧客との接点を変革する取り組み。顧客ニーズや購買行動を分析して既存製品を改良し、新たな販路で販売するなど。

デジタライゼーション

業務プロセスやシステム全体のデジタル化

全部署が関連する規模の取り組み。顧客情報の管理過程をシステムでデジタル化するなど。

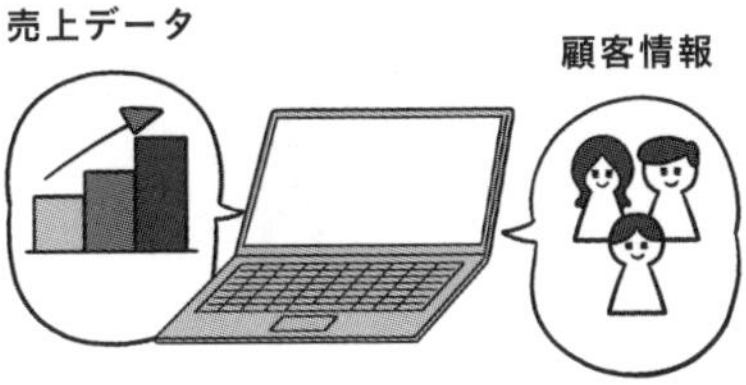
売上データ
顧客情報

デジタイゼーション

DXはじめの一歩　1つの要素をデジタル化する

1部署の業務効率化規模の取り組み。業務の1部分をデジタル化。名刺をデジタルデータで管理するなど。

DXの本質の理解に努め、責任を持って意思決定・人選を行う

本来意思決定の責任を担う経営者が、全ての選択をＤＸ推進リーダーや現場に丸投げするようでは、ＤＸの推進は上手くいきません。

また、経営者に活動を正しく評価してもらえなければ、推進リーダーの不満が溜まり、離職につながるおそれもあります。

経営者はＤＸの本質の理解に努め、責任を持って方向性を決定、人選を行ってください。回り道に見えても、それが社内変革の時機を逃さず、ＤＸをスムーズに推進していくための絶対条件です。

DX推進における経営者の役割５つ

経営者がDXを理解し、最適な意思決定・人選をすることで、取り組みを継続的なものへ。

役割 1
DXの本質を理解する
DXは単なるデジタル化や、最新技術を駆使した取り組みではない。デジタル化が進んだ社会に対応するため、小さなことから企業文化を変革していく取り組み。

役割 2
現場を理解する
現場は通常業務で手一杯。DX推進業務を同時並行で進めることは難しい。DX推進リーダーの業務量を調整、必要に応じ人員を追加し、体制を整える。

役割 3
最適な意思決定・人選をする
効果を出すまでは時間がかかる。長期的な視点で継続的にDXに予算を割く。また推進業務には、高度なビジネススキルが必要。推進リーダーには優秀な人材を。

役割 4
チャレンジを奨励する文化を作る
DXは不確実性が高く、失敗することも多い。失敗したときには、責任追及ではなく、プロセス・熱意を評価する。失敗の原因を整理し次の取り組みへ活かす。

役割 5
DXの目的・目標を周知する
DXで何が改善され、社員や会社にどんなメリットがあるのか。DXを行う理由を経営者自ら社員に周知。DXで〝会社をより良く〟という共通認識のもとで推進していく。

正しい理解を中心に、さまざまな効果が

経営層がDXを正しく理解すると、推進を通じ会社にさまざまな良い効果が生まれる。

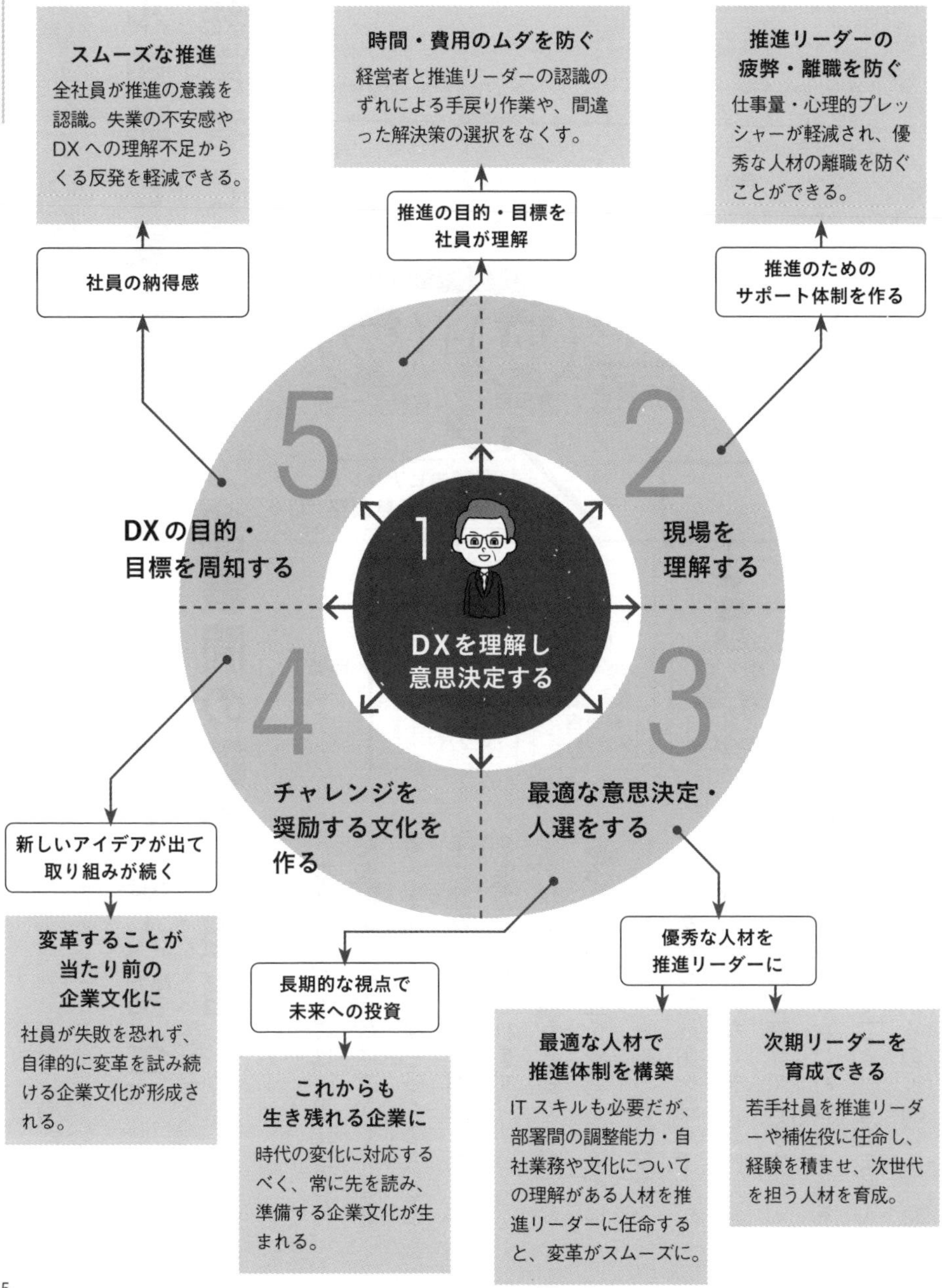
1
DXを理解し意思決定する
2
現場を理解する
推進のためのサポート体制を作る
推進リーダーの疲弊・離職を防ぐ
仕事量・心理的プレッシャーが軽減され、優秀な人材の離職を防ぐことができる。
3
最適な意思決定・人選をする
優秀な人材を推進リーダーに
最適な人材で推進体制を構築
ITスキルも必要だが、部署間の調整能力・自社業務や文化についての理解がある人材を推進リーダーに任命すると、変革がスムーズに。
次期リーダーを育成できる
若手社員を推進リーダーや補佐役に任命し、経験を積ませ、次世代を担う人材を育成。
4
チャレンジを奨励する文化を作る
長期的な視点で未来への投資
これからも生き残れる企業に
時代の変化に対応するべく、常に先を読み、準備する企業文化が生まれる。
新しいアイデアが出て取り組みが続く
変革することが当たり前の企業文化に
社員が失敗を恐れず、自律的に変革を試み続ける企業文化が形成される。
5
DXの目的・目標を周知する
社員の納得感
スムーズな推進
全社員が推進の意義を認識。失業の不安感やDXへの理解不足からくる反発を軽減できる。
推進の目的・目標を社員が理解
時間・費用のムダを防ぐ
経営者と推進リーダーの認識のずれによる手戻り作業や、間違った解決策の選択をなくす。

デジタル知識と変革マインドを兼ね備える人物を。現場と経営者との橋渡し、部署間の調整を担当

推進リーダーには、単に言われた作業を進めるだけでなく、経営者や上司、同僚など多くの人と上手に連携をとったり調整したりする能力が求められます。

デジタル知識も必要ですが、むしろ「この会社を変革しなくてはいけないんだ」という強い変革マインドを持った社員を選んでください。知識だけならチーム内に詳しい人がいれば補完できますが、変革マインドがなければチームを引っ張っていくことはできません。

また、社員からの反発にあった

経営者が先導して推進する場合

管理職 or 次期リーダーが推進リーダーに

経営者の右腕となり、DXを推進する、現場のリーダーが必要。現場との細かいやり取りを推進リーダーが行う。

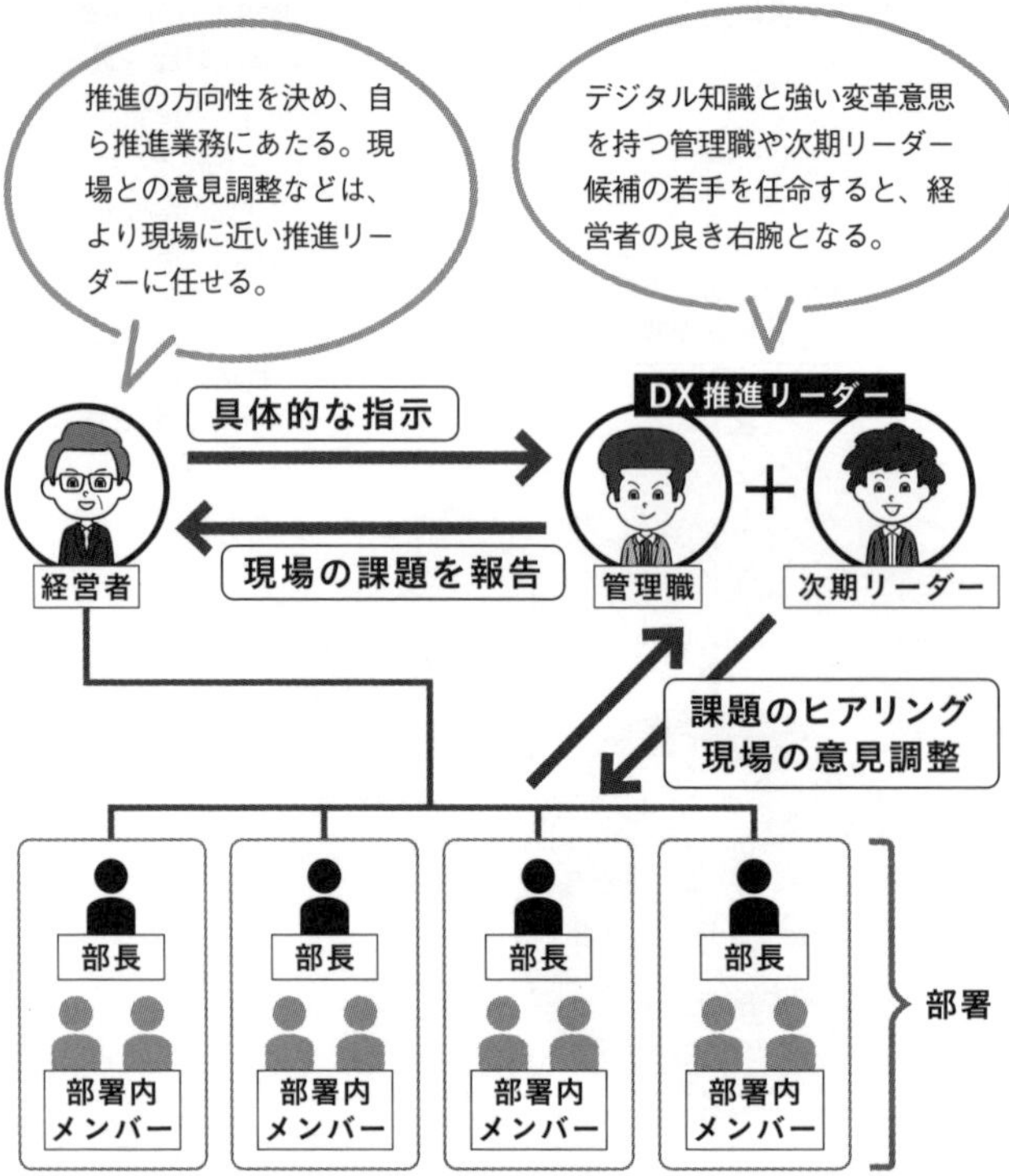
推進の方向性を決め、自ら推進業務にあたる。現場との意見調整などは、より現場に近い推進リーダーに任せる。
デジタル知識と強い変革意思を持つ管理職や次期リーダー候補の若手を任命すると、経営者の良き右腕となる。
具体的な指示
現場の課題を報告
DX推進リーダー
経営者
管理職
次期リーダー
課題のヒアリング
現場の意見調整
部長
部署内メンバー
部署

各部が連携して推進する場合

変革主管部門の部長が推進リーダーに

部長層で部署横断のチームを結成。リーダーが、チーム内で各部署の意見を整理し、方向性を決定。

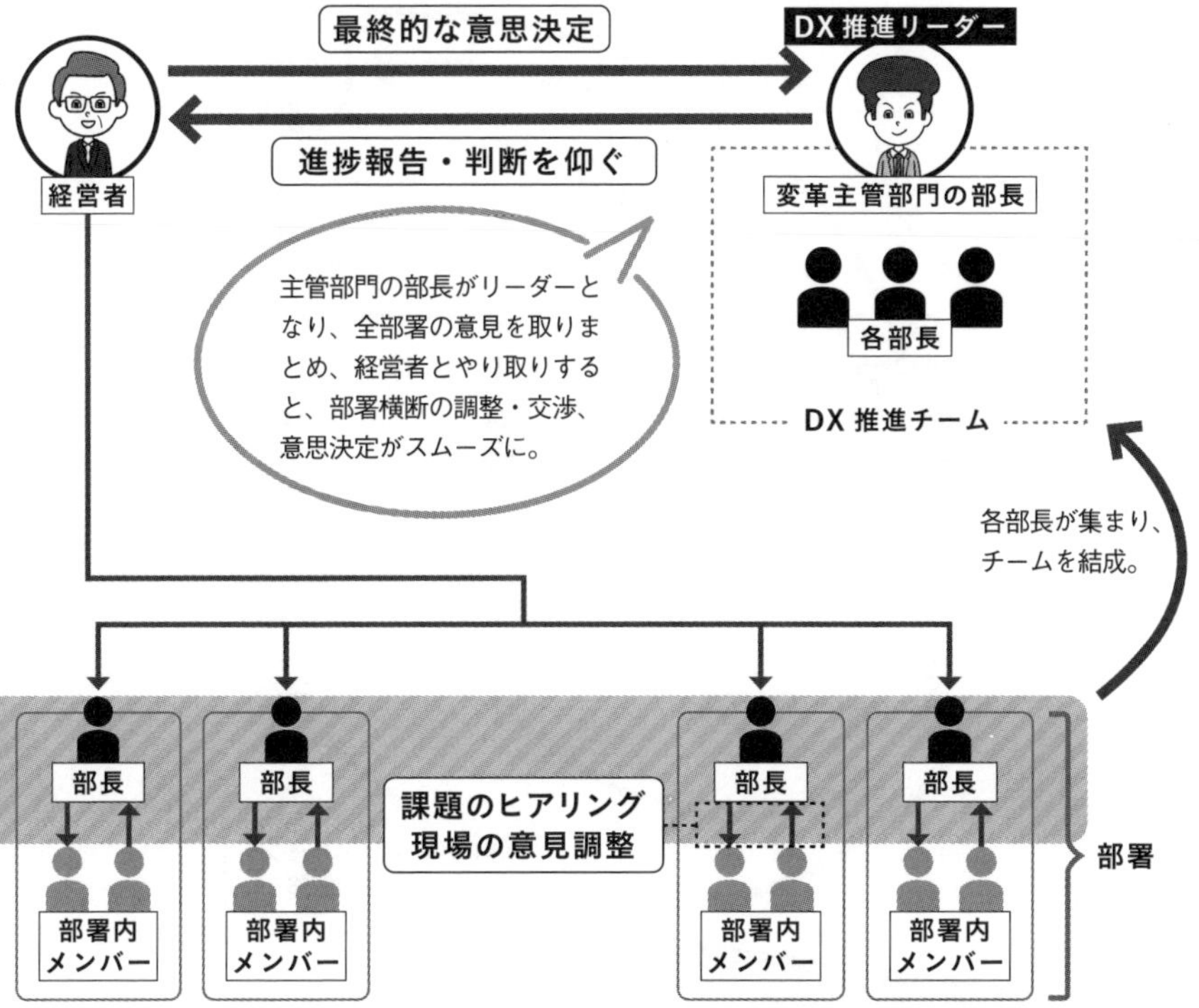
最終的な意思決定
DX推進リーダー
進捗報告・判断を仰ぐ
経営者
変革主管部門の部長
主管部門の部長がリーダーとなり、全部署の意見を取りまとめ、経営者とやり取りすると、部署横断の調整・交渉、意思決定がスムーズに。
各部長
DX 推進チーム
各部長が集まり、チームを結成。
部長
部長
部長
部長
課題のヒアリング
現場の意見調整
部署内メンバー
部署内メンバー
部署内メンバー
部署内メンバー
部署

とき、変革の必要性を分かりやすく説明してみんなに納得してもらうには粘り強い説得力や信頼性、意志の強さが必要です。

経営者は仕事の難しさをよく理解して優秀な人材を推進リーダーに選んでください。そのためにも経営者自身がDXを正しく理解しておくことが不可欠なのです。

実際には、部長は通常業務で多忙のため推進リーダーになることは稀です。部長によって任命された次期リーダー層が担当になるケースが多く見られます。

ITスキルの高い人物・ITの知見がある部署を中心に推進する場合

部署全体でDX推進リーダーのサポート体制をつくる

ITスキルの高い社員またはIT関連業務を担当する部署から推進リーダーを立てる。いずれも推進リーダーの所属部署内を中心にサポート体制を整える。

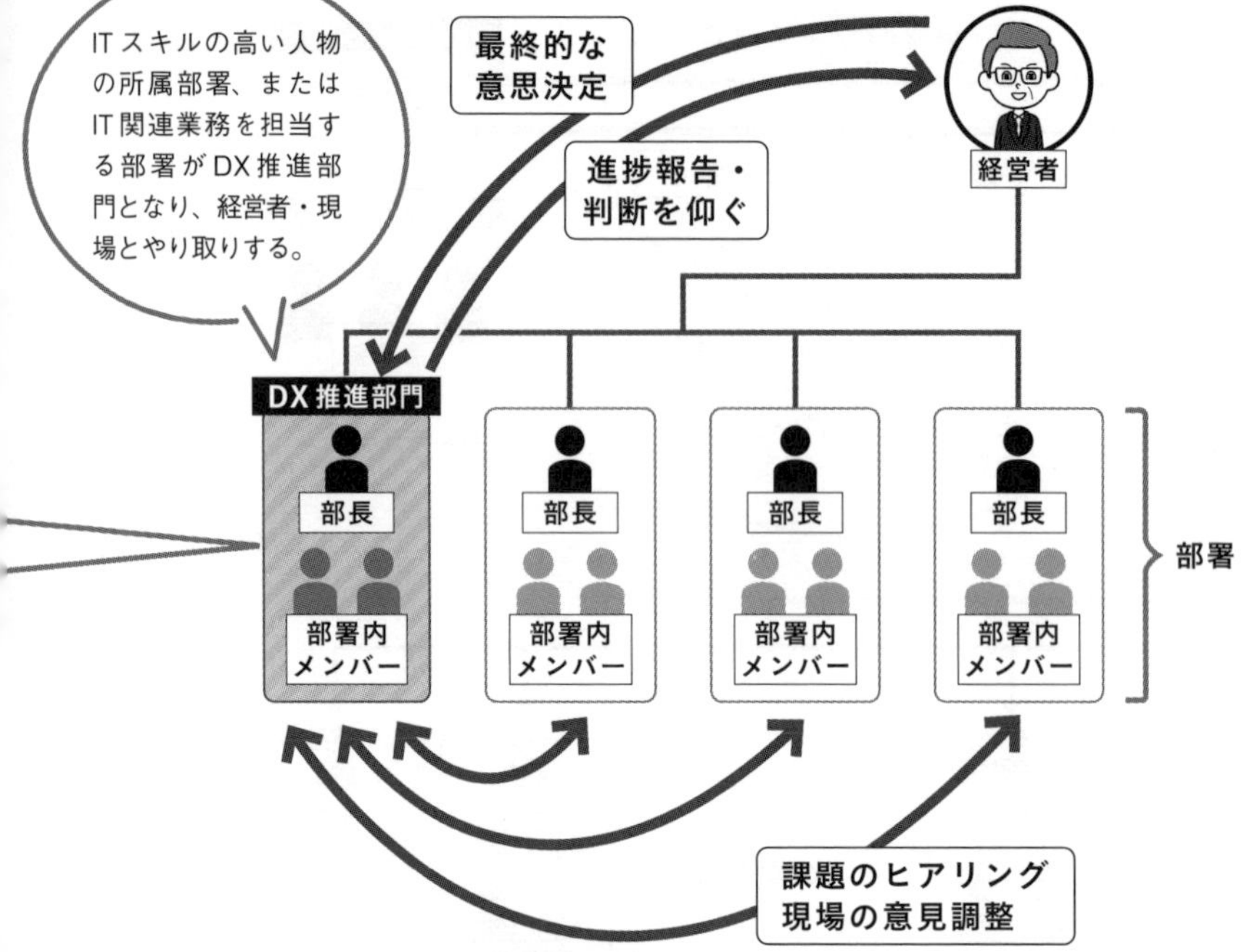
ITスキルの高い人物の所属部署、またはIT関連業務を担当する部署がDX推進部門となり、経営者・現場とやり取りする。
最終的な意思決定
進捗報告・判断を仰ぐ
経営者
DX推進部門
部長
部署内メンバー
部長
部署内メンバー
部長
部署内メンバー
部長
部署内メンバー
部署
課題のヒアリング
現場の意見調整

推進リーダーはこの人だけではNG！

NG!

新卒1～2年目の社員

経験が浅く、業務の全体像が把握しきれていない。業務経験や業界への理解、交渉術などさまざまな面で未熟なため、現場や経営者との交渉ごとをサポートするベテランをつける。

NG!

コンサルタントなど外部の人材

第三者視点で、社内の問題点を洗い出すことはできるが、外部任せでは変革の実行と継続性が担保できない。実務は社員が担当する。コンサルの支援でDXと社員教育が両立できると理想的。

NG!

「DX人材」として採用した中途社員

デジタル技術やツールの知識の専門性だけで採用した場合、変革意思や交渉力が不足する。新人の場合と同様に、経営者やベテラン社員がサポートし、変革実行環境を整える。

❶ 部署全体で推進する場合

ある部署の部長のITスキルが高く、経営者から任命された場合、またITの知見のある部署が比較的小規模な場合、部長が推進リーダーとなることがある。部署内のメンバーにも役割を与え、その部署全体で取り組むと良い。

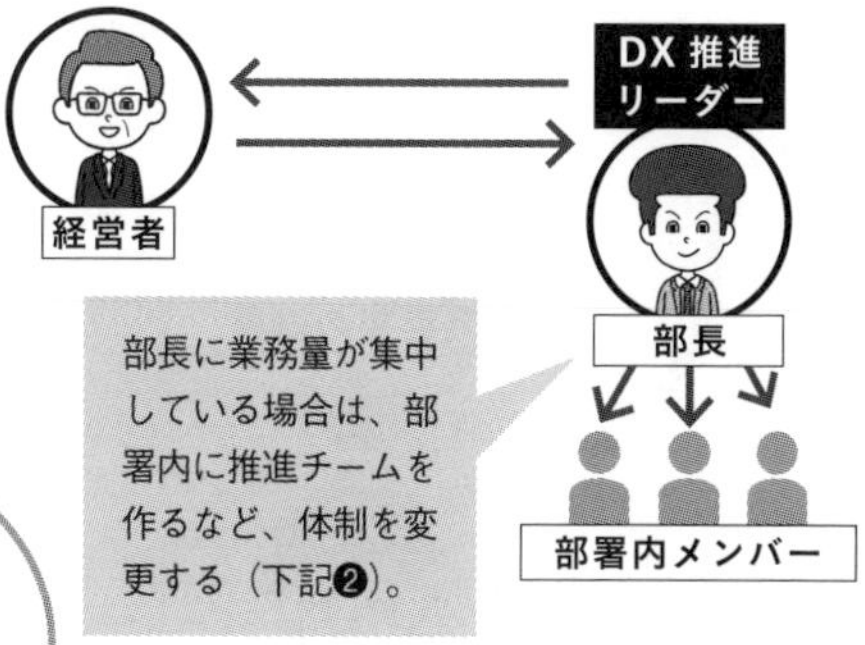
経営者
DX推進
リーダー
部長
部署内メンバー
部長に業務量が集中している場合は、部署内に推進チームを作るなど、体制を変更する（下記❷）。

部長は、業務量が集中するため、DX推進が停滞するケースが多く、現実的にはあまりおすすめできません。

❷ 部署内に推進チームを作る場合

ある部署にITスキルが高い社員がおり、経営者から任命された場合、またITの知見のある部署のナンバー２が推進リーダーになる場合、部署内にチームを作り、推進リーダーのサポート体制をとるのがおすすめ。

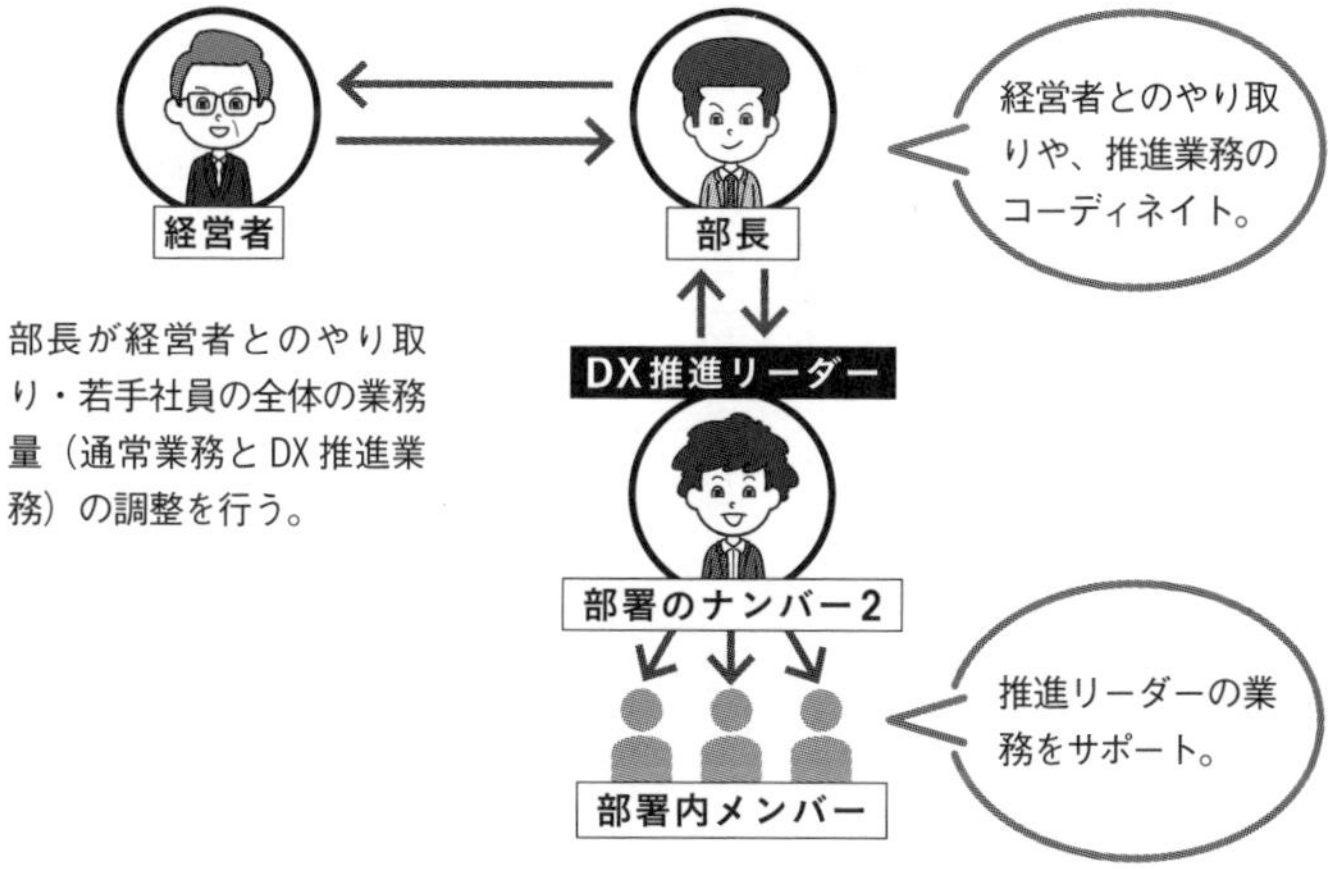
経営者
部長
経営者とのやり取りや、推進業務のコーディネイト。
部長が経営者とのやり取り・若手社員の全体の業務量（通常業務とDX推進業務）の調整を行う。
DX推進リーダー
部署のナンバー2
推進リーダーの業務をサポート。
部署内メンバー

業務過多になりやすく、心理的ストレスも。働きを評価・サポートする体制を整える

仕事量を調整できる体制を作る

DX推進リーダーの疲弊を防ぐために、経営者が、推進リーダーの上司、同僚・部下にサポートを要請。

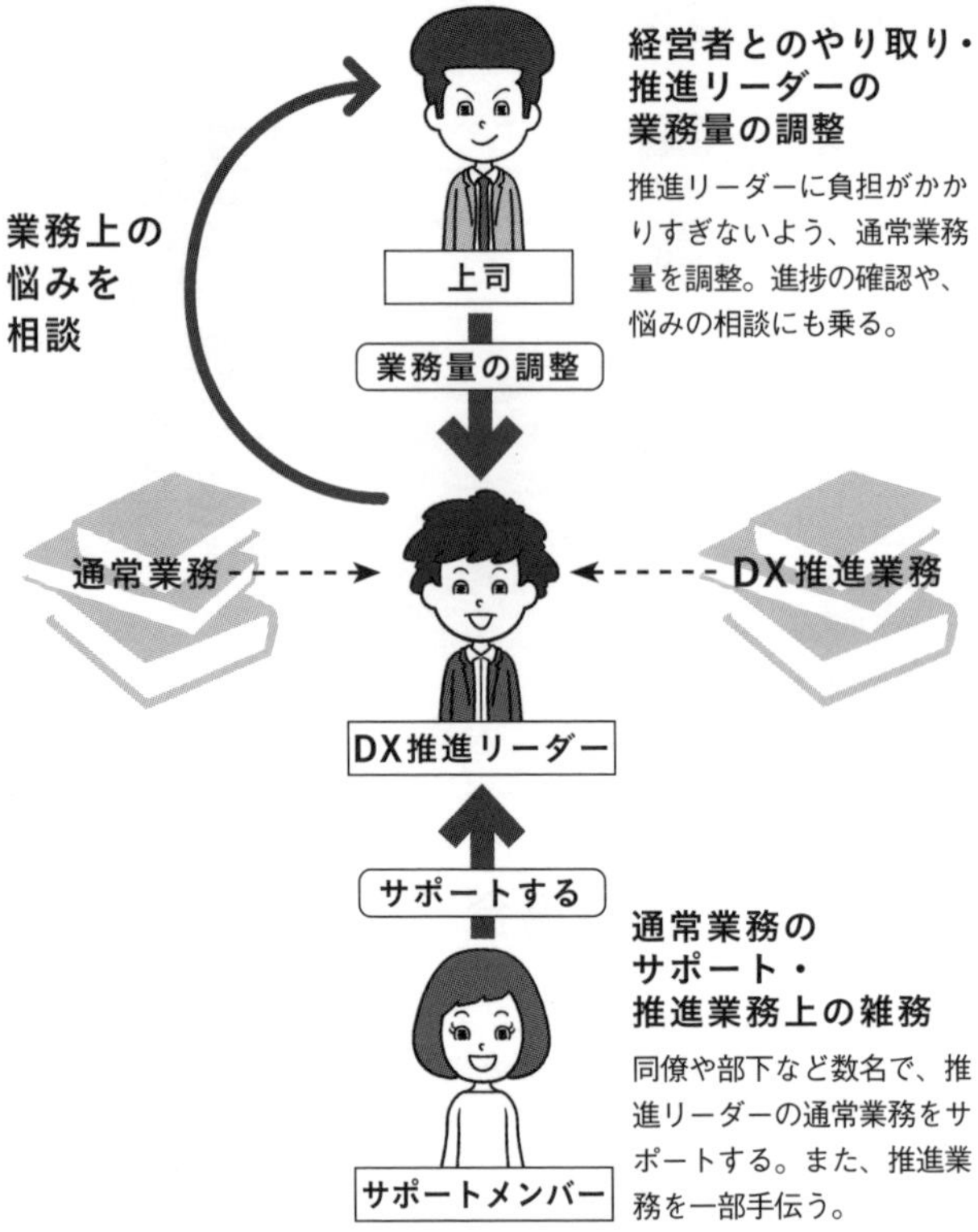
経営者とのやり取り・推進リーダーの業務量の調整
推進リーダーに負担がかかりすぎないよう、通常業務量を調整。進捗の確認や、悩みの相談にも乗る。
業務上の悩みを相談
上司
業務量の調整
通常業務
DX推進業務
DX推進リーダー
サポートする
通常業務のサポート・推進業務上の雑務
同僚や部下など数名で、推進リーダーの通常業務をサポートする。また、推進業務を一部手伝う。
サポートメンバー

優秀な人材はふだんの業務でも頼られています。DX推進業務で疲弊しないようにサポートが必要です。経営層は現場の社員にDXの必要性を説明し、協力を呼びかけてください。

特に経営者が先導しつつ、推進リーダーが経営者の右腕として動く場合、周囲は口を出しにくいこともあります。このため、推進リーダーが一人で仕事を抱え込まないようサポート体制を整え、適正な評価でモチベーションを維持することが一層重要になります。

経営者・上司は推進リーダーの取り組みを必ず評価する

本人がやる気を失わないよう、人事考課に取り組みを反映したり、インセンティブを付与したりする。

方法1 推進リーダーの働きぶりを評価する

評価項目の中に、DX推進の具体的な目標を追加し、考課面談などで達成度を振り返る。人事考課制度が整っていない企業では、この機会に導入を検討するのも手。

〈目標設定の例〉
- 適切なタイミングで相談し、プロジェクトを停滞させない
- 関係した部署のIT活用スキル向上のための活動を行う

数値的な成果だけでなく、チームワークや熱意も評価する。
失敗を責めない。原因を次の取り組みに活かせるよう、話し合う。

方法2 推進リーダーの取り組みをねぎらう

体力的・心理的に負担が大きい推進業務。
いくらやる気のある社員でも、通常業務のみの他の社員と扱いが同じだと、やる気を失ってしまいます。推進リーダーの成果は、必ずねぎらいましょう。
金銭や休暇など目に見える報酬だけでなく、社内の評判をあげることもやる気の維持につながります。

〈具体例〉
- 現金、金券を手渡し
- 賞与の上乗せ
- 特別休暇
- 推進リーダーの上司が、経営会議などで意識的に推進リーダーの話題を出す
- 表彰式、社内報で功績を取り上げる

Column

DX推進はスキルアップのチャンス。 市場価値が高まる

DX推進リーダーの中には「こんなに大変なのに十分評価してもらえない」と不満を感じる人がいるかもしれません。けれども今の日本で、単なるツール導入に留まらない変革活動としてのDX推進を経験した人はごくわずかです。

デジタル技術やツールの知識がある人は増えているかもしれませんが、実際に社内を変革した人材は貴重です。人材としての市場価値は確実に高くなり、いずれはさらなるキャリアアップの道も開けるでしょう。

ハードなことも多いDX推進業務ですが、価値ある経験になることは間違いありません。スキルアップのチャンスと考え前向きに取り組んでほしいと思います。

問題対処の振り分けを決めておく

**DX 推進リーダーが問題を抱え込む時間を減らすため、
できるだけ他の人に対応を任せる。割り振りの基準を明確にしておく。**

経営者に判断を任せる

多額の費用が関係するもの、事業の根幹に関わるものなどは、経営の決定権を持つ経営者の判断を仰ぐ必要がある。

推進リーダーレベルで判断できないもの

・多額の費用を要するデジタルツールの導入
・ビジネスモデルに変革をおよぼす提案

若手が推進リーダーの場合

推進業務中……
問題発生！

他の部署と連携が必要なもの

・システム導入時、各部署間で要望が食い違う
・部長の中の一人が、DX 推進に反対している
・導入後、社内での定着率が低い

他の社員でも対応が可能なもの

・デジタル技術やツールに不慣れな社員のサポート
・システム不具合時の問い合わせ
・推進リーダーの通常業務のサポート

上司がネゴシエーション。最後は経営判断

推進リーダーが他部署との意見調整を一人で行うのは困難。交渉・調整能力が高い上司に協力を要請し、最終的には経営判断を仰ぐ。

サポートメンバーに代わりに対応してもらう

推進上発生する細かい作業を、全て推進リーダー一人で行うのは困難。社内各部のサポートメンバーに対処を任せる。

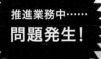

先生教えて！

Q.「時間がない！」「変えたくない！」現場から不満が続出しています……

A. 現場の反発は当然と考え、DXの大目的を周知し、事態を収めましょう

●デジタル化では、現場からさまざまな抵抗が

業務をデジタル化しようとすると、「通常業務だけでも忙しいのに面倒」「今のままで上手く回っているのに、なんで変えるの？」と、現場からさまざまな反発を受けます。また「業務を効率化したら自分の仕事がなくなるのでは」という不安や、デジタル技術やツールへの単なる苦手意識から推進に抵抗する人もいます。

●デジタル化は変化を伴う。反発は当たり前のこと

便利になるはずのデジタル化に、なぜ人はそれほど反発するのでしょうか。それは、デジタル化が必ず変化を伴うからです。

情報をデジタルデータに落とし込むには、しくみを整えて標準化しなくてはなりません。すると今まで製品や顧客ごとに異なっていたやり方を変える必要が出てきます。

人は「変わる」ことにはどうしても心理的な抵抗を抱きます。そのため、「変えたくない」という思いが不安や不満となって表れます。デジタル化の初期段階での現場からの反発は、当然のものと考えましょう。

DX推進リーダーは、小さなことから成功体験を作り、反対していた人にも成功体験を与え、DXへの取り組みに巻き込んでいきましょう。

●嫌われ役の推進リーダー。経営者の後ろ盾が必要

業務のやり方を変えるよう指示を出す推進リーダーは「嫌われ役」となり孤立しがちなので、経営者のバックアップが必須です。十分なサポートをせず、放っておくと、優秀な人材の離職につながりかねません。

経営者が社員に「なぜ会社を変えなくてはいけないのか」を伝え、推進リーダーが進めているDXが経営目標とつながることを周知しましょう。特に初めのうちは推進リーダーの上司と経営者がしっかり後ろ盾となり、周囲を味方に引き入れていくよう努めてください。

賛同者を増やしていく

成功体験を重ね、賛同者を増やす。自然とDX推進を後押しする空気に

DX成功のカギは賛同者を増やすことです。それには2つのパターンがあります。

一つは、一緒に取り組みを進めながら理解が深まりDX肯定派になるパターン。

もう一つは、初めは関心がなかったのにDXにより自分の仕事がラクになり、恩恵を実感して協力するようになるパターンです。

小さなプロジェクトを成功させるうちに社内で「結構良いかも」という気持ちが醸成され、DXへの支持が拡大していくはずです。

DXの広がりと共に賛同者が増える

最初は一部の社員から、会社全体、顧客へとDX の恩恵の輪を広げていく。

店舗の売上が伸び悩んでいたが、**オンラインショップで補えた！**
経営層
営業部
取引先の情報がワンクリックで見つかる！**ファイルを１冊ずつ探す手間がなくなった！**

3年後
プロジェクト5
XXXXXX
2年後
プロジェクト4
XXXXXX
1年後
プロジェクト3
顧客情報管理システム導入
半年後
プロジェクト2
オンラインショップ設立
プロジェクト1
紙伝票のデジタル化
企画部
売上データが一瞬でグラフ化できる！より売れる商品を考えられるように。
FAXの手間が省けるし、慣れたらラクだった！
店舗スタッフ
経理部
フォーマットが統一されて集計の手間が2分の1に！
顧客
子育てでなかなか店舗に行けないから、ネットで買えて嬉しい！

DX賛同者が増える公式

（ プロジェクトメンバー ＋ プロジェクトで「いい変化」があった人々 ）× プロジェクト数

プロジェクトで成功体験を共にしたメンバー達と、プロジェクトの恩恵を受け、デジタル化の便利さを実感した人達。2種類の"賛同者"がプロジェクトごとに増えていき、会社全体がDXに協力的に。新しいアイデアも出やすくなる。

COLUMN

DX推進に不可欠な“DX人材育成”。経営者・管理職・社員、それぞれ違ったスキルが必要に

◎一口に「DX人材育成」といっても、対象者により定義はさまざま

日本ではDX人材の不足が問題となっており、人材育成が急がれています。では具体的にDX人材にはどんな資質や能力が求められるのでしょうか。

経産省はDXを推進する人材には、デジタル技術の知識に加えて業務にも精通し、組織をリードしていける資質が必要だとしています。

ただし、求められる人材は部署や企業によっても異なります。

例えば、経営者におけるDX人材となると経営課題と照らし合わせつつ自社を変革するマインドが不可欠です。一方従業員においてはデジタル化された業務にあたる際に必要となる新たなスキルを習得する（リスキリング）力が求められます。デジタル活用スキルの向上は最初のステップとなるでしょう。また、例えば製品開発する企業や部署ではデータを分析して企画開発に活かすスキルも求められます。さらに事業創出をねらうなら、強みとなる専門分野でどのようにデジタル技術を活用できるか、新たな発想力も必要です。

◎自社内でDX人材を創り出す環境を整える

もちろん変革人材を中途採用しても良いですが、できれば長期的視野で既存の社員の育成を行いたいものです。

優秀な社員を抜擢し、DX関連部署に配置転換しましょう。セミナー受講料を出したり特別休暇を付与したりすると、デジタル知識をつけ、DXについて学びたい社員のモチベーション向上につながるかもしれません。

また、DX推進業務をきっかけに、ITパスポートなどの資格取得を推奨し、社員のIT活用スキル向上を図るのも一つの手です（ITパスポート試験公式サイト：https://www3.jitec.ipa.go.jp/JitesCbt/index.html）。

受験料補助制度を設け、社員の意欲を活かすことを考えましょう。

DX人材育成のためには、学びの環境を整えることが大切です。

PART

3

最初の課題を発見・解決！

まず現状を把握し課題を決め、
短期間で成功体験を得る

「デジタル化で便利になったよね」まずは小さな成功体験作りを目指す

優秀な社員をＤＸ推進リーダーに任命したのですが、何から始めれば良いのか悩んでいるようです。社員の中には「ただでさえふだんの業務で忙しいのに」と、あまり協力的でない人もいるのだとか。

最初から全員に協力してもらおうとしても上手くいきません。少数の賛同者と共に特定部署内の小さな取り組みから着手しましょう。

もちろんＤＸは、最終的には全社的な取り組みが必要です。けれども、多くの日本の企業は縦割りの部門から成る組織形態であり、全社的な取り組みを進めることが難しくなっています。

縦割りの組織は、営業、製造、経理、人事などの部署に分かれており、各々が専門分野に集中できるメリットがある一方、部署の垣根を越えた情報共有や部署横断的な対応がしづらいというデメリットもあります。

中小企業の場合には、まずそれぞれの部署内でやりやすい取り組みにトライし、目に見える成果を上げましょう。推進を継続していくことで、他部署とのやりとりにも慣れ、部署横断的な推進体制で進めることも可能となるでしょう。

現場の通常業務もあるため、DXですぐに結果を出すのが難しいという声が上がっています。焦らずじっくりと時間をかけて進めていけば良いのでしょうか？

時間をかけすぎるのはNGです。

なかなか成果が出ないと「何やってるんだ」「お金と時間のムダ」という抵抗勢力の声が大きくなって頓挫してしまいます。

最初は小さな成果でも良いので、3か月から半年で成果が示せるように、経営者が実務上の利害を調整することも必要です。少しでも便利さを実感すれば、抵抗していた人も賛同者に変わります。

短期間の成功体験を繰り返していくうち、DXの価値を認める人が増え、社内にいい雰囲気が醸成されていくでしょう。

そうすれば、時間のかかるプロジェクトに取り組むときも「DXって結構時間がかかるものだね」という理解が得やすくなり、大きなプロジェクトもスムーズに推進できるようになります。

AI開発、最近よく聞くし、うちもやってみたいんです！
まあ焦らないで。まずは身近な課題解決から始めましょう。

最初に取り組む社内の課題を決める

経営課題を全員が共有。社内の課題と照らし合わせ、取り組みを決定

大企業ではコンサルが業務を可視化・評価し取り組む課題を提案しますが、中小企業でコンサルに依頼しない場合、自力で業務の可視化や評価をするのは困難です。この場合、最初に取り組む課題を決めるには2つの方法があります。

一つは各部署で発生している問題をもとに共通の課題を見つける方法。もう一つは、他社事例に基づいた業務効率化の施策から、自社に適した施策を実行する方法です。特に課題を見つけられなければ、後者の方法で始めます。

2つの方法で取り組みを決める

どちらの方法でも、取り組みを決めるときは、必ず経営課題に立ち返って考える。

最初にやる

経営課題の整理

経営者の意見を交え自社の経営課題を整理。これを指標にし、取り組む社内の課題が有効かどうか判断する。

〈経営課題の具体例〉

・人材不足　・生産性向上　・ブランド力向上

経営課題と照らし合わせる

方法1

共通認識の社内の課題を解決

各部署で問題となっている部分から共通の課題を探し、解決するための手段を決定する。

〈部署共通の課題〉

- 残業時間が多い
- 情報伝達時のタイムロスが多い
- 生産性が低い

方法2

他社事例の多い業務効率化を実施

他社事例のあるメジャーな業務効率化の施策を実施する。外部のアドバイスを得やすく、成功しやすい。

〈他社事例の多い施策〉

- 勤怠管理のデジタル化
- 契約の電子化
- ビジネスチャットやオンライン会議ツールの導入

方法1

共通認識の社内の課題を解決

社内共通の悩みを解決する手段を考える

各部署で発生している問題を取りまとめ、
全社共通の課題として整理し、対応できる方法を探す。

STEP 01 各部署の問題をリストアップ

各部署で、共通認識されている問題を一覧にする。
少数派の意見でも、重要度が高ければ、こぼさずに採用。

営業部

- ☑ 共有の顧客情報一覧を編集するとき、誰がどこを変えたのかが分かりづらい
- ☑ 新規顧客（取引先）が増えない
- ☑ 一部の優秀な社員による業務の属人化が、組織的な営業を妨げている

総務部

- ☑ サーバ内のファイルを複数人で同時に編集できず、順番待ちが生じる
- ☑ 紙データをエクセルに入力するのに時間がかかり、他の業務を圧迫している
- ☑ 他部署より恒常的に残業時間が多く、改善の見込みがない

製造部

- ☑ 営業部の求める顧客ニーズ・納期スピードに応じられない
- ☑ 工程管理表を班ごとに編集・管理しており、全体の進捗が把握しづらい
- ☑ 新人教育の時間が取れない

情報システム部

- ☑ テレワーク時、社内サーバにあるファイルを閲覧・編集できない
- ☑ DX、テレワーク推進に伴い業務量が増加、業務内容も多岐に
- ☑ 業務量が急増しているが、見合う人員が割かれていない

STEP 02 発生している問題を整理

各部署の問題リストをもとに、共通の社内の問題は何かを、
DX推進リーダーが中心となって議論する。

共通の社内の問題

- ☑ 社内のファイル管理の仕組みに、業務遂行上必要な機能が不足している（履歴管理、社外からのアクセスなど）
- ☑ 社内のファイルを利用した作業に余計な時間がかかっている
- ☑ 管理表が統合されていないため、進捗把握に時間がかかる

経営課題と照らし合わせる ▶P65

STEP 03 社内の課題の要因を分類・分析する

STEP 02（P61）で整理した共通の問題から、自社で発生している業務上の取り組むべき課題を導き出す。

課題

確認時間や待ち時間を削減し、
効率的かつ柔軟に業務を遂行できる状態に転換する

《 問題が整理できない場合に有効な 4 つの視点 》

作業時間

業務プロセスに特に問題はないにもかかわらず、ムダな時間や費用が発生していないか。業務を削減したり作業時間を計測して問題を特定したりすることで解決できる。

業務プロセス

部署間、部署内、各人の業務の進め方や流れが標準化できているか。そのプロセスが生み出す価値を確認し、作業の重複や過剰な確認作業など、ムダなプロセスがないか確認する。

社内規定・慣習

無意味な社内承認フロー、紙で出力した読み切れないほどの会議資料など、慣習化しているために改善のきっかけを失っている社内規定は非効率の元凶に。改めて見直しを。

作業者の習熟度

作業者の習熟度の低さによってミスが頻発している問題がないか。その作業自体が煩雑だったり、高度すぎたりしているために、習熟に時間がかかっていないかも確認する。

Column

経営者が解決策まで指定するのは危険！

DX 推進で経営者に語ってほしいのは「会社の経営課題」です。少し知識がある経営者は「あれを使ってこれをやって」と、手段を限定しがちですが、これは危険。もちろん直感が当たることもありますが、的外れな指示も多いからです。

DX 推進や、コロナ禍によるテレワーク推奨により、最近はデジタルツールや課題解決の手段が多岐にわたっています。一見課題解決に最適だと思える方法でも、固定観念を捨て、他の解決策をたくさん見たうえで比較して決定してください。

経営者に社員は反論しにくいと自覚し、細かい指示を出すよりも社員の活動を承認します。不安があるときは外部の識者に相談するのが良いでしょう。

STEP 04 要因から解決策を選ぶ

最初に取り組む社内の課題の解決策として、できるだけ人員・手間・費用がかからない手段を選定する。

課題の解決策

事業継続性や業務効率化に必要な管理機能を備えたファイル管理基盤への刷新

➡

手段

グループウェアを導入する

課題に対して、一番シンプルな解決方法を選んでください。

⚠ 解決策はデジタル活用にこだわる必要はない！

DXの本質はデジタル化ではなく組織変革にあります。ここではデジタルツール導入を解決策の前提として説明していますが、もし課題に対してデジタル化以外に有効な方法があるなら、迷わずそちらを選べば良いと思います。DXだからとデジタル化にこだわりすぎると、時間や費用だけがかかり、より問題が複雑化することもあるので注意してください。

〈デジタル化以外の解決策にはこんな方法も〉

- マニュアルの整備
- 社内規定の見直し
- 人員配置の変更
- ワークフローの見直し

経営課題と照らし合わせる ▶P65

STEP 05 費用・スケジュールを報告

実行する施策で発生する費用の概算と、おおまかなスケジュールを経営層に報告。

〈経営層への報告事項〉

- 導入目的
- そのツールを選定した理由
- 初期費用／運用費用
- 導入までのスケジュール
- 導入までに必要な業務一覧

POINT

類似ツールを２～３社比較したうえで、導入候補のツールのメリットを示す。

POINT

具体的にイメージできるよう、仮の導入日を設定。導入までにやるべきことを分類・整理。

方法 2

他社事例の多い業務効率化を実施

業務の効率化で成功体験を作る

業務効率化のメジャーな手法を選択。
自社の状況に合わせた施策を実行する。

STEP 01 業務効率化の手法を選択

自社の状況を踏まえて、外部の成功事例が豊富な業務効率化の施策をDX 推進リーダーが中心となって選択する。

業務効率化に有効なデジタルツール

- 勤怠管理システム
- 電子契約システム
- 請求書発行システム
- 経費精算システム
- コミュニケーションツール
- web 会議ツール

経営課題と照らし合わせる ▶ P65

STEP 02 現場と業務上どの程度効果が出るかをチェック

関連部署に直接意見を聞きながら（P70）、選択した効率化の手法や活用するツールの効果を確認する。

※解決すべき課題が見えてきた場合
⇒ 方法 1 へチェンジ（P61）

効率化の検証を行う過程で、部署共通の課題が見えてきた場合は、その課題の要因を分析し、解決策を検討する。

ツールが業務の効率化に活用できそうか、社員に確認する。
社員に実際にツールを使ってもらい、業務の効率化に有効か確認する。

STEP 03 費用・スケジュールを報告

方法 1 P63 と同様に、効率化による費用や作業時間の削減効果、施策実行までのスケジュールを経営層に報告する。

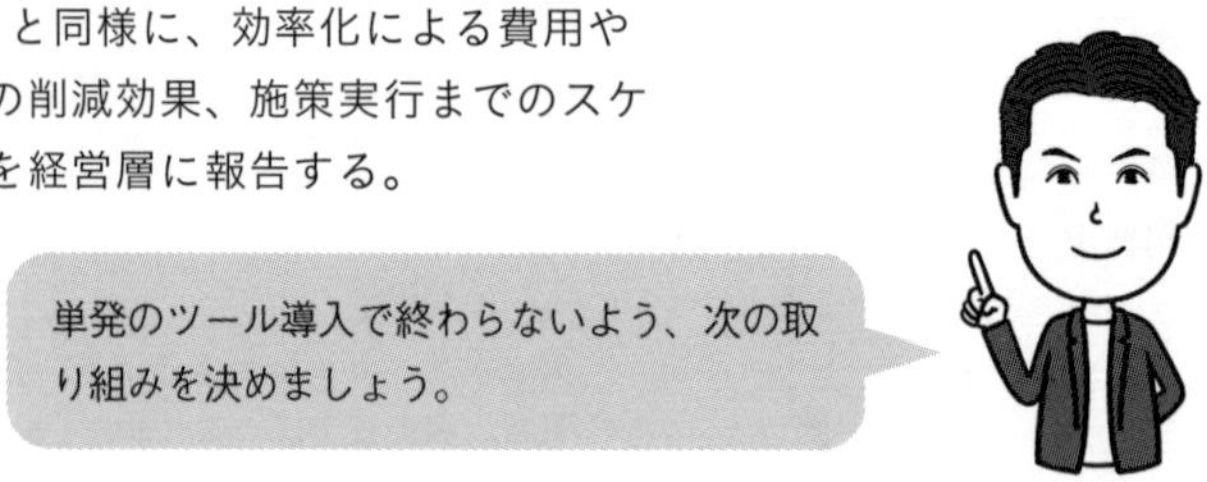
単発のツール導入で終わらないよう、次の取り組みを決めましょう。

先生教えて！

Q. 取り組む課題、実施する施策……判断に迷うとき、何を決め手にすれば良いですか？

A. 経営課題との関連性の高さで判断しましょう

●何かを決定するときは、必ず経営課題に立ち返る

共通認識の課題を見つけてDXに取り組む場合でも、とりあえずアナログ業務の効率化をする場合でも、大事なのは自社の経営課題にその取り組みが関連していることです。

作業やツールにとらわれていると、いつのまにか経営課題からずれてしまい「何のためにやっているんだっけ」ということになりかねません。「DXを取り入れたけど、大した効果はなかったね」という失敗に陥らないためにも、導入前や推進過程の要所で立ち止まり、経営課題との照らし合わせを行うことが大切です。

❶取り組む課題を決めるとき（P61 方法1 STEP 02）

課題からスタートするときは、まず各部署で発生している問題を整理し、経営課題との関連性が高い課題を特定し優先的に取り組みます。

経営課題と各部署の課題の両方を洗い出してリストアップしていくと、各部署のどの課題がもっとも経営課題に関連しているのかが見えてきます。

❷課題の解決策を検討するとき（P63 方法1 STEP 04、P64 方法2 STEP 01）

共通認識の課題を解決する手法としてツールの活用が必要なときは（方法1）、そのツールが実際に起きている課題の解決に適しているかを確認してから導入に踏み切りましょう。期待する効果が自社業務でも発揮できるかは、やってみないと分からないこともあるからです。

他社事例の多い業務効率化の手法を実施する場合（方法2）も、一般的に説明されている効果が自社でも発揮できるか検証しましょう。

①取り組む課題も②解決策の検討も、思い込みや手段の決めつけがあると、実際に進めてからの方向転換ができなくなります。本質は経営課題の解決ですので、目的を見失わないようにしましょう。

DXの目的・費用概算・スケジュール。事前に確認し、プロジェクト中止を防ぐ

取り組む課題が決まったら、経営者の合意を取ります。経営者がプロジェクトをきちんと理解し、納得のうえでGOサインを出せるように判断材料を示してください。

主な確認ポイントは、上記のように目的や費用、スケジュールなどです。経営課題とその解決策、プロジェクトに必要な期間や費用、費用対効果を提示しましょう。成果が出るまでにある程度の時間がかかることも説明しておきます。

経営者の当初の理解が不十分だったため、プロジェクトの途中で

始動前の確認事項3つ

経営者が理解・納得したうえでスタート。
適切な意思決定をしてもらう。

1 目的・目標の認識を合わせる

自社がDXに取り組む目的・目標を、経営者と共有したうえで、実施する施策が自社のDXの目的・目標にどのように有効なのか、説明する。また、**経営課題の解決とのつながりも明示**できるようにしておく。

2 費用・費用対効果を提示

取り組みの費用、費用対効果（ROI・P78）を算出。トラブルにならないように**見積もりは正確に**。成果を出すには時間がかかるが、中長期的には必ず利益が出ることを数値で示す。数値化しづらい**従業員の成長も成果に含め説明**する。

3 スケジュールを報告

導入日を設定し、**導入までにやるべきことを一覧に**し、具体的なスケジュールを提出する。1つのプロジェクトで終わらせるのではなく、継続した取り組みであることを前提に予定を組む。**進捗報告の日程も、あらかじめ組み込んでおく**。

DX推進の成果のビジョンを共有

**時間が経てば必ず成果が得られることを
経営者に説明し、同意を得る。**

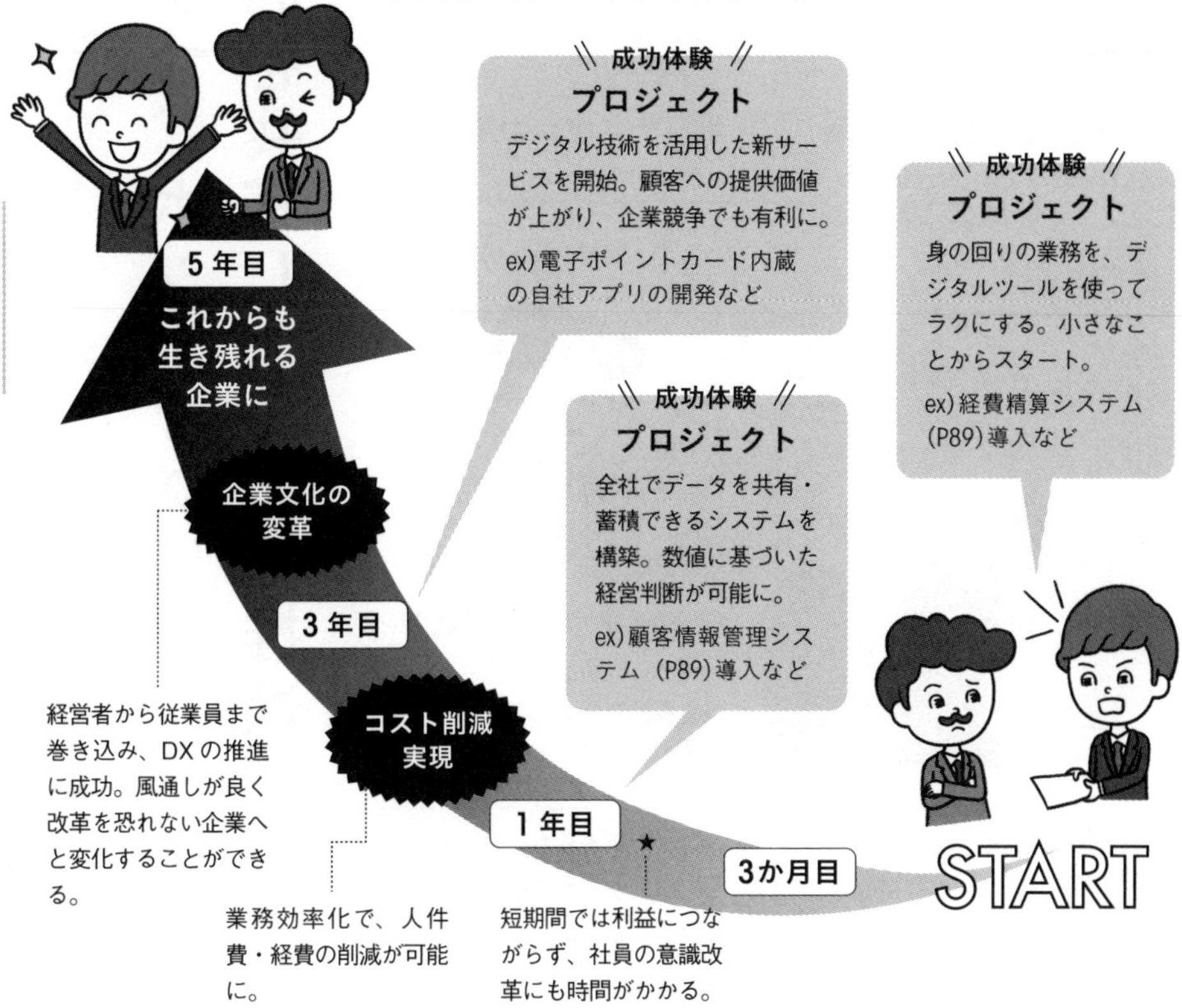
5年目
これからも
生き残れる
企業に
企業文化の
変革
3年目
コスト削減
実現
1年目
3か月目
START
成功体験
プロジェクト
デジタル技術を活用した新サービスを開始。顧客への提供価値が上がり、企業競争でも有利に。
ex)電子ポイントカード内蔵の自社アプリの開発など
成功体験
プロジェクト
全社でデータを共有・蓄積できるシステムを構築。数値に基づいた経営判断が可能に。
ex)顧客情報管理システム（P89）導入など
成功体験
プロジェクト
身の回りの業務を、デジタルツールを使ってラクにする。小さなことからスタート。
ex)経費精算システム（P89）導入など
経営者から従業員まで巻き込み、DXの推進に成功。風通しが良く改革を恐れない企業へと変化することができる。
業務効率化で、人件費・経費の削減が可能に。
短期間では利益につながらず、社員の意識改革にも時間がかかる。

不満が出てしまい、中止に追い込まれるケースも少なくありません。

理解が十分得られた組織では、多少の問題が生じても乗り越えることができます。経営者との認識のすり合わせを丁寧に行うことがプロジェクト成功のカギとなります。

Column

経営者が懐疑的になったり、尻込みしたりするときは……

費用面の負担や人手不足などの理由から、DX推進による経営への負担を気にする経営者もいることでしょう。低費用のWebサービスを使う、助成金（P136）を活用するなど、負担を減らすこともアイデア次第。変化を負担と考えず前向きに取り組んで欲しいものです。

簡潔かつ、ポジティブに。大目的を共有したうえで推進する

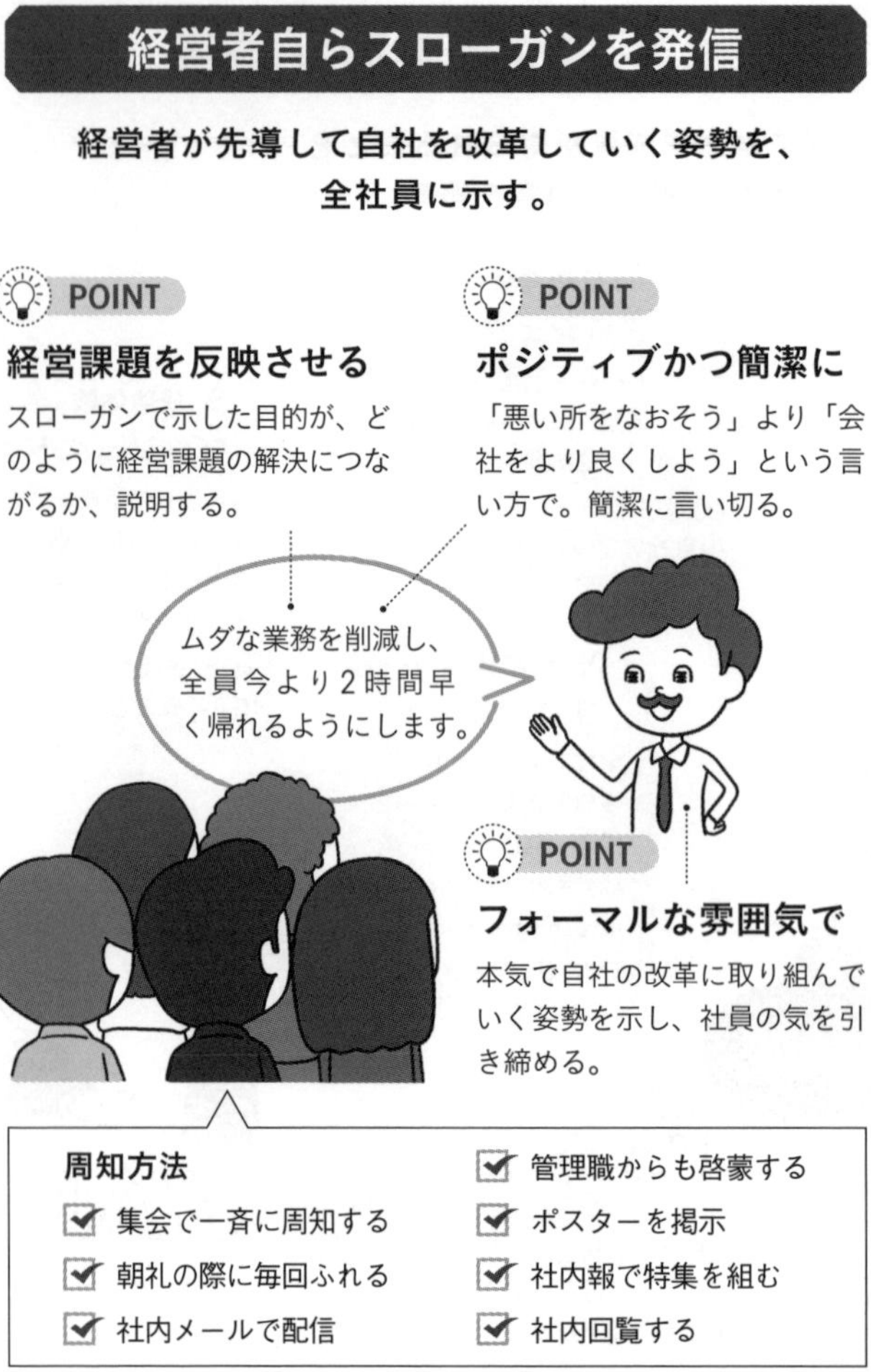
経営者自らスローガンを発信
経営者が先導して自社を改革していく姿勢を、全社員に示す。
POINT
経営課題を反映させる
スローガンで示した目的が、どのように経営課題の解決につながるか、説明する。
POINT
ポジティブかつ簡潔に
「悪い所をなおそう」より「会社をより良くしよう」という言い方で。簡潔に言い切る。
ムダな業務を削減し、全員今より2時間早く帰れるようにします。
POINT
フォーマルな雰囲気で
本気で自社の改革に取り組んでいく姿勢を示し、社員の気を引き締める。
周知方法
集会で一斉に周知する
朝礼の際に毎回ふれる
社内メールで配信
管理職からも啓蒙する
ポスターを掲示
社内報で特集を組む
社内回覧する

DX導入時には賛同者も少なく、反発する人も多いかもしれません。

このため経営者は「DXは会社を良くするための取り組み」だと社内に発信し、DX推進リーダーの後ろ盾となる必要があります。

もっとも効果的なやり方は、スローガンを掲げることです。「○○（経営課題）をDXで解決！」と、意思を簡潔に表し、経営者自ら社員に周知してください。

意思が伝わると、社員に取り組みに対する納得感が生まれ、DX推進への原動力となります。

目的の周知が戸惑う社員の安心材料に

**経営者自ら周知することで、
社員の誤解がとけ、スムーズな推進が可能に。**

Before

派遣社員など

事務作業の自動化により、自分の仕事がなくなるのではという不安から、DX推進に否定的に。

DX推進リーダー

社内業務のデジタル化に着手しようとしたものの、現場から大反発が出て、思うように推進ができない。

社員

通常業務が忙しく推進業務にまで手が回らない。もしくは通常業務の優先順位が高く、DXを後回しにする。

経営者

働きやすい環境を整備し、
人が離れない、優秀な人材が集まる会社に。

発信

After

解決

推進目的が明示されたことで、不安が払しょく。

解決

経営者の後ろ盾を得て、現場からの反発が激減。

解決

DXの優先度が高まり、推進に協力的に。

Column

ITスキルの高い若手が発言しやすい環境に

経営者自らが全社で改革を行う姿勢を示すことにより、今まで意見を言い出しづらかった若手も発言しやすくなります。若手のほうがデジタルツールに慣れていて知識も豊富なことが多いので、若手の意見による大きな進展が期待できます。

自社に合ったツールをしぼり込んだら、実際に使う社員と意見をすり合わせる

導入するツールのジャンルにあてがついたら、ツール一覧を作り、比較・厳選します（P94〜95）。

導入したツールを定着させるには、実際に使ってもらう人たちの導入前からの協力が不可欠です。各部署から実際に使う社員を集め、導入予定のツールの活用法を一緒に考えてもらいましょう。

運用前には講習会を開催し、使い方をレクチャーします。導入後は使用感、運用方法を検討しながら、自社に合った使い方ができるように改善を加えていきましょう。

導入前　実際に使う2〜3人に意見を聞く

導入するツールについて客観的な評価を得るために、2方向の立場の社員から意見をもらう。

❶ 業務全体を把握している人

ex.　・部長　・社歴の長いベテラン社員 など

確認ポイント
- 業務フローはどの程度の変更が必要か？
- 部署間の役割や責任範囲の見直しが必要か？

❷ 実際に業務にあたる現場の社員

ex.　・導入後、日常的にツールを利用することになる社員

確認ポイント
- 分かりづらい点はどこか？
- 実際に使用した場合にサポートが必要な点はどこか？

他社事例を知る社員がいる場合

他社で同じジャンルの業務効率化ツールを使っていた中途社員などがいれば、使用感や業務効率化への有効性を聞いてみる。自社でも同じ効果が発揮できるかどうかは、検討が必要。

運用前 事前講習会で移行をスムーズに

導入後のトラブルを最小限にするため、
対面形式で実操作の講習会を行う。

ITベンダーの営業担当 or DX推進リーダーがレクチャー

推進リーダーが指導。SaaS《サース》（P83）を購入した場合はベンダー（P118）担当者が研修してくれることも。

実際の操作画面を見ながら

社員一人ひとりが実際にPCを操作し、導入前にツールに慣れておく。対面だと社員が質問しやすい。

デジタルツールに不慣れな人には少人数で

講習会で苦戦している社員には、後日２〜５人程度の少人数で別対応。分からないままにさせない。

マニュアルはいつでもアクセスできるように

口頭の説明だけでは、理解しづらいことも。マニュアルは、社内・部署の共有フォルダなどに保存しておく。

Column

推進リーダーが“いい人”だと失敗する!?

DXでシステム導入をする際、現場の声に耳を傾けることは不可欠です。けれども、推進リーダーが、出された要望に全て応えようとするのはNGです。

現場側は「少しでも作業をラクにしたい」と、意見や感想を思いつくまま、推進リーダーに伝えたがります。それを全てシステムに取り入れようとすると、導入費用のみならず、運用コストも上がってしまうでしょう。複雑化したぶん不具合が生じやすくなり、少しの業務変更や法改正にも、細かい対応が必要となったりします。

全員の要望を叶えたい気持ちは分かりますが、ある程度現場の意見を切り捨てる冷静な判断も求められます。

各部署内で本音を吸い上げる。出てきた問題に対して改善を続ける

導入後、必ず問題が出てくる

使ってみて初めて分かる問題も多い。
導入後2週間くらい様子を見る期間を設ける。

時期的な業務や予想外に発生した業務など、導入前に想定していない業務に対応していない。

使わなくても今までのように業務はまわるため、社員が面倒くさがり使用せず、定着しない。

繁忙期だけの
業務に対応
していなかった！
「使う意味ある？」の
声ばかり。結局全然
定着していない……
これ、
どうするん
だっけ？
何回目？
ログインパスワード
がいくつもあり、
覚えられない……
IT スキルが低い
社員のサポートが
大変……

パスワードの使い回しは避けたいが、ツールごとに異なると社員に混乱が起きてしまうことも。

IT スキルが低い社員のサポートに時間をとられ、他の社員の業務に支障が出る。

今までの業務のやり方を変更すると、現場から必ず「ここが上手くいかない」「こうしてほしい」という意見や要望が出てくるものです。

ツールを利用した業務を定着させるには、現場の声を吸い上げ、改善を続けることが大事です。

導入したツールの感想を現場に聞き、不満や問題を収集します。次に、現場の声を整理し、対処すべき課題を決めます。そして、変革の目的を達成するための改善を続けます。

個別面談で本音を吸い上げる

導入後の問題を探るため、各部署内で、従業員の本音を吸い上げて取りまとめる。

各部署内でヒアリング

現場業務のリーダーが面談。現場の理解が深いので本当の意見や悩み、愚痴を引き出しやすい。

リラックスできる場を作り本音を聞き出す

個別面談は緊張しやすい。ふだん対話の機会がないと、戸惑う社員も。

業務はスムーズになった？
正直あまり……みんな使ってくれなくて

コツ

雑談からスタート

最初から本題に入らず、最近の出来事など当たり障りない話題で心を開かせる。

コツ

机の角をはさんで座る

正面で向かい合うと、相手は威圧感を覚えることが。目線がずれる場所に座る。

コツ

静かな部屋で個別面談

同僚や先輩の目がないほうが本音を話しやすい。落ち着いて話せる場所を選ぶ。

会議など集団での場だと率直な意見を言いにくいこともあるため、個別に声をかけて短時間でも面談をし、社員の本音を聞くことをお勧めします。

意見を集めたら共通する問題や重要と思われるものをピックアップし、優先的に対処していきます。

Column

中小企業は大企業より不満を言い出しづらい

中小企業では、業務担当者の「顔が見える」ので、大企業より会社の不満を言いにくいものです。問題点を口にすると、その業務担当者や経営者への悪口に受け取られかねないからです。このため現場の本音を聞くには、より現場に近いリーダーが意見を吸い上げることが必要です。

社員との面談後、取り扱う問題を決める

**現場の声を整理し、
扱うべき問題の解決策を選定。改善を続ける。**

STEP 01 扱う問題、扱わない問題を振り分ける

社員の不満・要望から、対処すべき問題を抽出する。今の取り組みの前進にはつながらない愚痴、わがままなどは扱わない。

扱うべき意見

- 社員から共通して出てきたもの
- 放置すると重大なリスクがあるもの
- 一部の社員の負担が大きくなっているもの

扱わなくても良い意見

- 新しいツール導入の提案（P75）
- 特定の人物のわがまま
- DX の意義への反対意見（P75）

より重要度の高いものから順に対処していきましょう。

STEP 02 対処策を決定、改善を続ける

扱うべき意見の中から対処する問題を決める。解決策を選定し、改善されるまで試行錯誤する。また、次の問題の改善に取り組む。

問題 社員への定着率の低さ

▶ルールを作る

入力が確認できないと成績を認めないなど、使用せざるを得なくなるルールを定める。

▶社員と個別面談

使用しない理由を聞く。入力する時間がないなど、本人以外の問題なら、解決策を考える。

問題 複数の SaaS《サース》(P83) 乱立

▶統合 ID

アカウント情報を一元管理するサービスで、業務システムの ID・パスワードを統一。

問題 想定外の業務への対応

▶機能を追加する

一時的に手作業で対応。ゆくゆくは特殊業務も効率化するべく機能の追加などを検討する。

問題 社員の IT スキルの低さ

▶サポートセンターの設置

トラブル発生時に対処する担当者や、チーム、部署を決めておき、すぐに相談できる体制に。

▶講習会

基礎的な PC 操作や IT 活用スキルの講習会を行い、社員全員の IT スキルを高める。

扱わなかった問題は、個別で対応する

扱わなかった意見には、
DX 推進リーダーが個別に理由を説明し、納得してもらう。

Case 01 費用対効果に懐疑的な管理職 ← 他社事例で説得

社内業務を効率化しても利益にならないよね？　お金と時間をかけてやる意味ある？

同業のA社は社内業務改善で**年間〇×万円コストを削減**させ、マーケティング部門を立ち上げ、新製品を出したんですよ。

POINT

同業他社の実例やDXによる新たな取り組みを提示し有効性を理解させる。

Case 02 通常業務に追われる社員 ← この先の展望を伝える

ふだんの仕事が忙しくて他のことはできません。推進リーダーの業務調整なんてなおさら。

POINT

3～5年先のビジョンを共有。DXの優先度が高い理由を理解してもらう。

デジタル化でテレワーク環境が整えば、雇用条件が広がり人員不足が解消されます。**今がんばれば後がラクになりますよ。**

Case 03 新しいツール導入の提案 ← 予算・ステップの説明

デジタル化は大賛成。早く顧客管理もデジタル化して、業務効率化を図ってほしい。

今年度の予算と現時点の社員のITスキルでは厳しい。**来年度は優先的に検討**する。それまでにIT教育も充実させたい。

POINT

意見を尊重したうえで、手の届く範囲で段階的に推進を行いたいことを伝える。

年度の経営会議で進捗報告。原因を整理し次へ活かす

予算を引き出す報告の仕方

結果を報告するだけでは不十分。
継続により得られる成果を示すことが大事。

取り組みの結果報告

現在までの DX 推進の状況と結果を、簡潔に、具体的な数値と共に報告。そして、**今回の取り組みの失敗点や、取り組み後に出てきた新たな課題の原因を分析**し、いくつかに分類・整理する。

↓

失敗の対処策、次の取り組みを提示

結果報告で分析した課題への対処策として、具体的な案を提示し、前回の失敗の原因を活かす姿勢を示す。そして、具体的に**費用とスケジュールを盛り込んだ新しい取り組みを提案**する。

↓

継続した場合の利益を示す

前段階で提案した取り組みを実行した場合、得られる効果を、数値的根拠を用いながら示す。**ROI（P78）を算出すると試算に説得力が増す**。意思決定者が GO サインを出せるだけの環境を整える。

半期や年度ごとの経営会議で、DX推進リーダーは進捗状況を報告し、経過や成果を振り返り、できなかったことを経営の新たなテーマに入れてもらいます。

大事なのはDXを「特別なもの」ではなく、通常業務として管理してもらえるようにすることです。DXは継続することが重要。予算、時間、人などを他の業務と同じように年間計画に組み入れてもらいます。

取り組みの結果や新たな課題、それに対する解決策などを整理し

根拠と共に会社への有益さを説明

**経営陣が納得できる根拠を盛り込み、
簡潔に堂々とプレゼンする。**

☑ 社員・顧客の声を届ける

数値の成果だけでなく、社内業務がラクになったり、サービスが便利になったりして喜ぶ実際の声を届ける。

☑ 効果が出ている他社事例を提示

コスト削減や収益向上を実現した他社の先行事例を紹介。自社に活かせる取り組みを提示し検討してもらう。

☑ 経営課題の解決とのつながりを示す

経営課題が何か、経営陣に問いかけ、取り組みで課題がどのように解決されるか明示する。

☑ 不確実なことはごまかさない

確証が持てないことには、正直に分からないと答える。その場をやりすごそうとすると、信用が損なわれる。

て、DXを継続するメリットを提示してください。

最初から全ての経営陣に賛同してもらうのは難しいかもしれませんが「どんな経営課題があり、どのように解決したか」などの成果や事例を説明するうち、DXへの理解を深めてもらえるでしょう。

Column

反対派は一度納得すれば強い味方に？

明確な理由があり反対している人は、その理由が解消されると賛成派に回り、かえって協力的になってくれます。「あんなに反対していたのに、あの人変わったね」「あの人が考えを変えるぐらいだから、DXっていいものかも」と、他の社員の意識を変えることにつながります。

COLUMN

中長期的な目線でコスト削減を数値化。事務業務効率化の費用対効果（ROI）の示し方

◎業務効率化への投資を、経営者に数値やロジックで説明する

DXには先行投資としての側面があります。経営者は、数値の指標なしに投資判断を行うことはしません。DX推進リーダーは経営者にDXのプロジェクトを提案する際、そのプロジェクトがこの先どれだけ自社に利益をもたらすかを示す費用対効果（ROI）などの数値を示すことが求められます。

事務業務効率化が、中長期的な目で見るとコスト削減になることを示し、経営者を納得させてください。必要なら経営者に近い人物などのバックアップも仰いで効果と課題を論理的に説明し、経営者に理解を求めましょう。

◎中長期的な目線で、外部にお金を払う利点を説明

着手しやすいバックオフィス業務のデジタル化では、SaaS《サース》型（P83）のシステムを導入する場合が多いと思います。SaaSは、買い切り型のソフトウェアとは違い、SaaS企業に月額料金を支払うことにより、インターネット上のソフトウェアを利用するサービスです。

経営者が、このようなサブスクリプション（継続購入）になじみがない場合、外部に継続してお金を払うことで社内にもたらされるメリットを、数値と共に説明し、納得してもらう必要があります。

現在の業務を続けた場合の運用費用と、SaaSを導入した場合の運用費用を対比させたうえで、以下のポイントを押さえ、説明すると良いでしょう。

- **初期費用がいつ頃回収できるのか**
- **SaaS導入で人件費が削減される**
- **買い切り型で発生する更新費用や、手間が不要になる**
- **中長期的に見ると現在の業務を続けるより費用が安くなる**

検討時点では根拠のあるROIを算出することが難しい場合もあります。その場合は、SaaSのサービスベンダーなどのIT企業から他社事例などを聞き、根拠の説明とすることも有効です。

PART

4

業種別　成果が出る プロジェクトのアイデア集

自社製品・サービスと組み合わせ、短期間で成果が得られるものに取り組む

他社事例を参考に、自社に合う施策を。焦らずに小さな変革を続ける

一口にDXと言っても、企業によって色々なアプローチの仕方があることは分かりました。ただ、マニュアルや正解がないので、何が自社に最適なのかを見つけるのは至難の業です。

ゼロから考える必要はありません。

最近はコロナ禍でデジタル化が進み、先行事例やデジタルツールの情報が簡単に得られるようになりました。そうした情報の中から貴社に合うものを選べば良いのです。

自社のDX推進の仕方は、それぞれの企業の経営陣や社員にしか分かりません。「知り合いが使っているから」「有名だから」といった先入観を捨てて、なるべく多くの先行事例の中から自社ビジネスにも適用できそうなものを探してください。

この章ではさまざまな業種や企業のDX推進事例をご紹介してい

《 DX推進に役立つ資料・サイト 》

デジタルガバナンス・コード 2.0	URL https://www.meti.go.jp/policy/it_policy/investment/dgc/dgc.html（経済産業省 HP） 推進方法について、経営者が押さえるべき事項が取りまとめられている。
DXセレクション	URL https://www.meti.go.jp/policy/it_policy/investment/dx-selection/dx-selection.html（経済産業省 HP） 優良事例として表彰された企業の取り組みが紹介されている。

ます。また、このページの下欄には資料や実例が見られるサイトもご紹介しているので、ぜひ参照してください。

弊社はバックオフィス業務の改善から着手しました。当初は乗り気でなかった社員も、日々の業務がラクになるにつれて積極的に取り組んでくれるようになりました。

成功体験を積み重ね、賛同者や協力者を増やして社内に前向きな雰囲気を作ることは、DX推進でもっとも大切なことです。

前向きな雰囲気が生まれてきたと感じたら、次は事業に関わる部分のデジタル化へ進みましょう。ただし、焦りは禁物。一足飛びに大きなプロジェクトに挑むのは失敗のもとです。時間をかけて一つずつ、小さな改善を積み重ねていきましょう。

また、デジタル技術が発達し続ける現代では、DXのためのヒントは、身近な生活にもあふれています。

スマホアプリやゲーム機、新しいサービスやテレビCMなど、私たちがアンテナの感度をほんの少し高めれば、こうした技術や便利なツールの発想を敏感にキャッチできるようになるでしょう。「このアイデア、うちの会社で使えるかも」と、自社のサービスとつなげて新たなイノベーションが生まれるかもしれません。

ミラサポ plus	URL https://mirasapo-plus.go.jp/ 中小企業の支援を目的とした、中小企業庁（経済産業省の外局）が運営する情報サイト。企業の DX 推進例、支援制度・補助金が検索できる。
DX推進指標	URL https://www.ipa.go.jp/ikc/info/dxpi.html（IPA HP） IPA（情報処理推進機構）の指標に基づき、DX 推進度を診断。自社の推進状況を把握でき、次に取り組むべき具体的な策が分かる。

まずは社内のデジタル化から着手。効率化を図り、通常業務をラクにする

バックオフィス業務のソフトウェアは4層に分類される

業務効率化の主な手段は、ソフトウェア導入。大まかな分類から、どのソフトウェアが自社に必要か見極める

RPAなどの自動化ツール

システム間の転記作業を自動化するなど、ツールやシステムの間をつなぐ自動化ツール（P84）。

業務システム

経費精算、勤怠管理、顧客管理など、個別の業務を効率化するソフトウェア。

基幹システム

会計、販売など、その企業の経営に絶対必要な業務システム。経営・全部署に関係する大きな変革なので、最初に手をつけるのは向かない。

コミュニケーションツール

ビジネスチャットやグループウェア（P90）など、社員同士の情報をつなぐ、業務に特化していないツール。

最近はさまざまな業務効率化ツールが出ていますが、特に中小企業にはＳａａＳ《サース》がお勧めです。

ＳａａＳとはインターネット上で提供されるソフト。サブスクのように月額料金で利用できます。自社でサーバを保有する買い切り型と異なり初期投資が不要です。

またサービスが悪いと利用者がすぐ他社に切り換えてしまうので、システムの改善や導入後のサポートには力を入れています。社内にＩＴ人材がいなくても安心して使うことができるでしょう。

① SaaSとは？

クラウドを通じてソフトウェアを利用するサービス

一番の魅力はコストパフォーマンスの良さ。
テレワークや事業継続面でもメリット大。

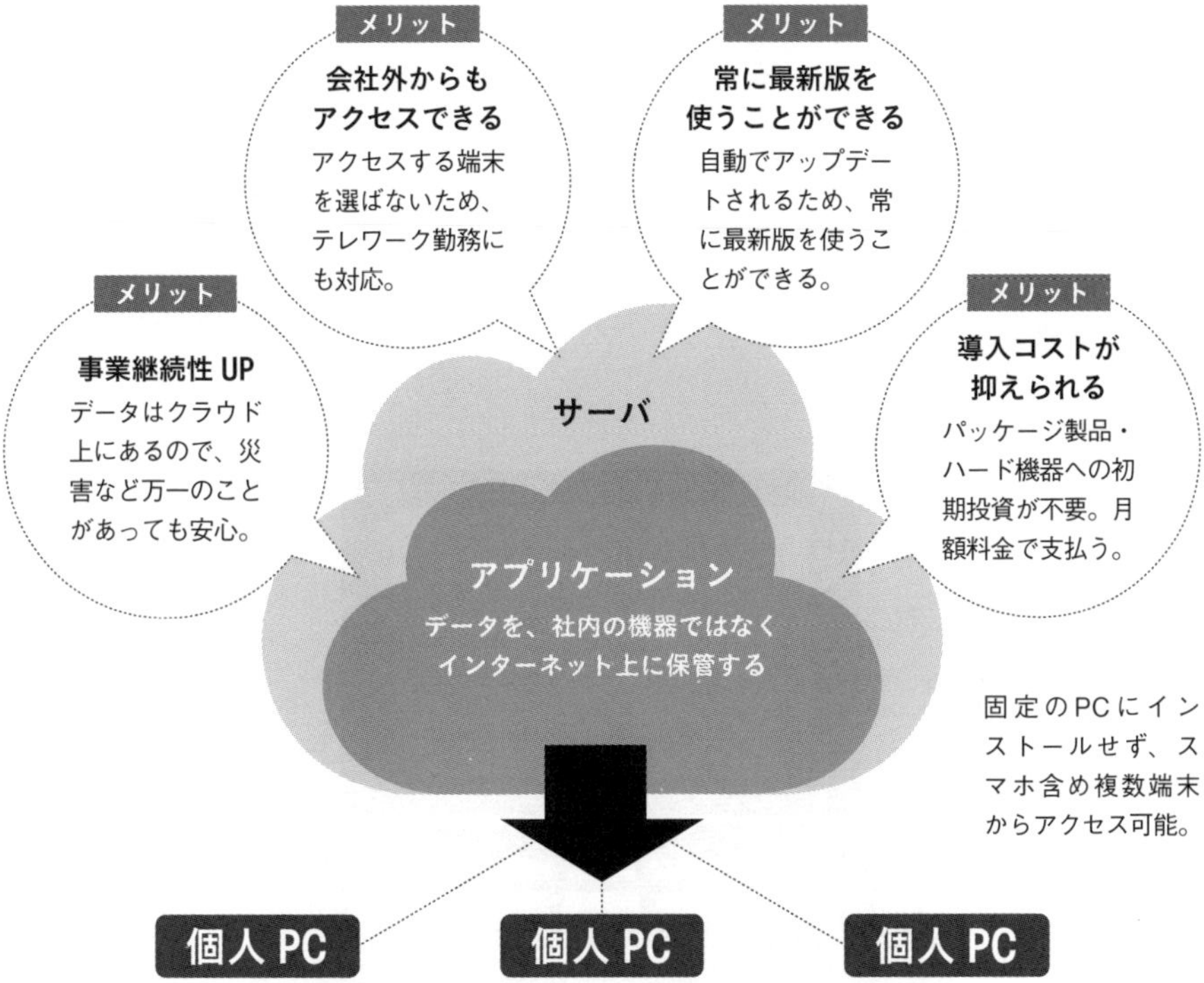
メリット
会社外からも
アクセスできる
アクセスする端末を選ばないため、テレワーク勤務にも対応。
メリット
常に最新版を
使うことができる
自動でアップデートされるため、常に最新版を使うことができる。
メリット
事業継続性 UP
データはクラウド上にあるので、災害など万一のことがあっても安心。
メリット
導入コストが
抑えられる
パッケージ製品・ハード機器への初期投資が不要。月額料金で支払う。
サーバ
アプリケーション
データを、社内の機器ではなく
インターネット上に保管する
固定のPCにインストールせず、スマホ含め複数端末からアクセス可能。
個人 PC
個人 PC
個人 PC

Column

ソフトウェアはSaaSの時代に

かつて買い切り型は「初期投資は高いがセキュリティは安全」、SaaSは「コストは安いがセキュリティに不安がある」とされていました。

けれども今はSaaSが改良され、セキュリティ上の心配は少なくなってきています。一方買い切り型もサポート料金が発生するので、運用コスト面で両者にそれほどの違いはありません。

このため、現在では買い切り型だけでなく、SaaSも含めて導入ソフトウェアを検討することが主流となっています。

SaaSに対して「なんとなく不安」という先入観を持たずに、どちらが自社に適しているかを吟味したうえで、ソフトウェアを決定したほうが良いでしょう。

② RPAとは？

人が行っていた定型業務を代行させる

決められた手順に沿って行う業務の効率化が図れる。
導入時には簡易的な開発を要する。

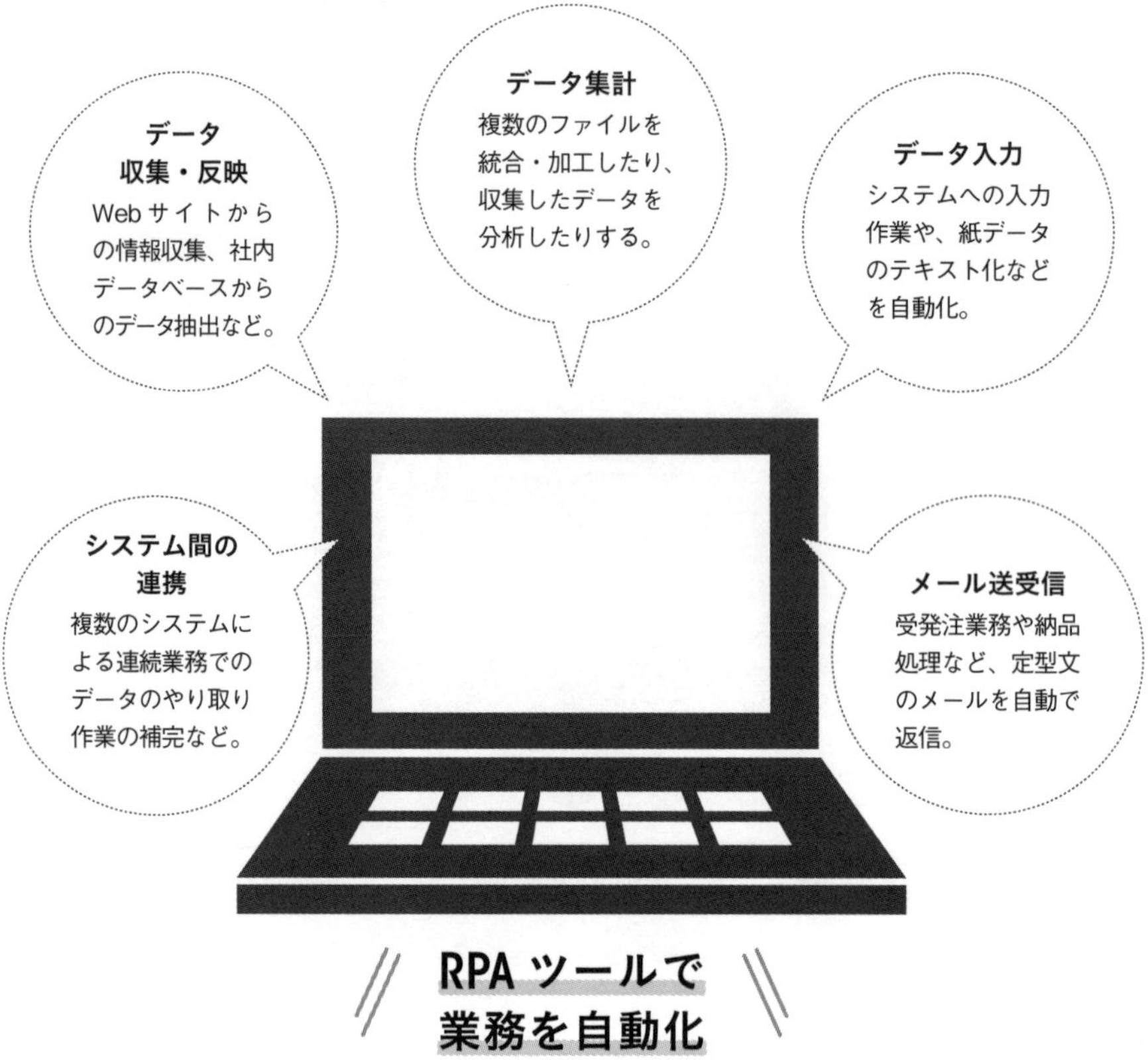
データ
収集・反映
Webサイトからの情報収集、社内データベースからのデータ抽出など。
データ集計
複数のファイルを統合・加工したり、収集したデータを分析したりする。
データ入力
システムへの入力作業や、紙データのテキスト化などを自動化。
システム間の
連携
複数のシステムによる連続業務でのデータのやり取り作業の補完など。
メール送受信
受発注業務や納品処理など、定型文のメールを自動で返信。
RPAツールで
業務を自動化

部門横断的に業務効率化を進めたい	導入コストを抑えたい	Webブラウザ上の業務を自動化したい
サーバ型	**デスクトップ型**	**クラウド型**
自社内サーバで稼働させる、買い切り型のRPA。膨大なデータの一括管理が可能な反面、導入コストが高額。	個人のPC上で稼働させる買い切り型のRPA。小規模でのスタートが可能で、管理もラクだが、属人的になりやすい面も。	クラウド上で稼働するRPA。導入コストが低いが、社内の機器にインストール済みのソフトウェアの起動や操作ができない。

③ ノーコード/ローコード開発ツールとは?

プログラミング不要 or 最低限の開発ツール

画面上で視覚的にパーツを当てはめて操作。外部に委託せずとも、サポートを受けながら自社で開発が可能。

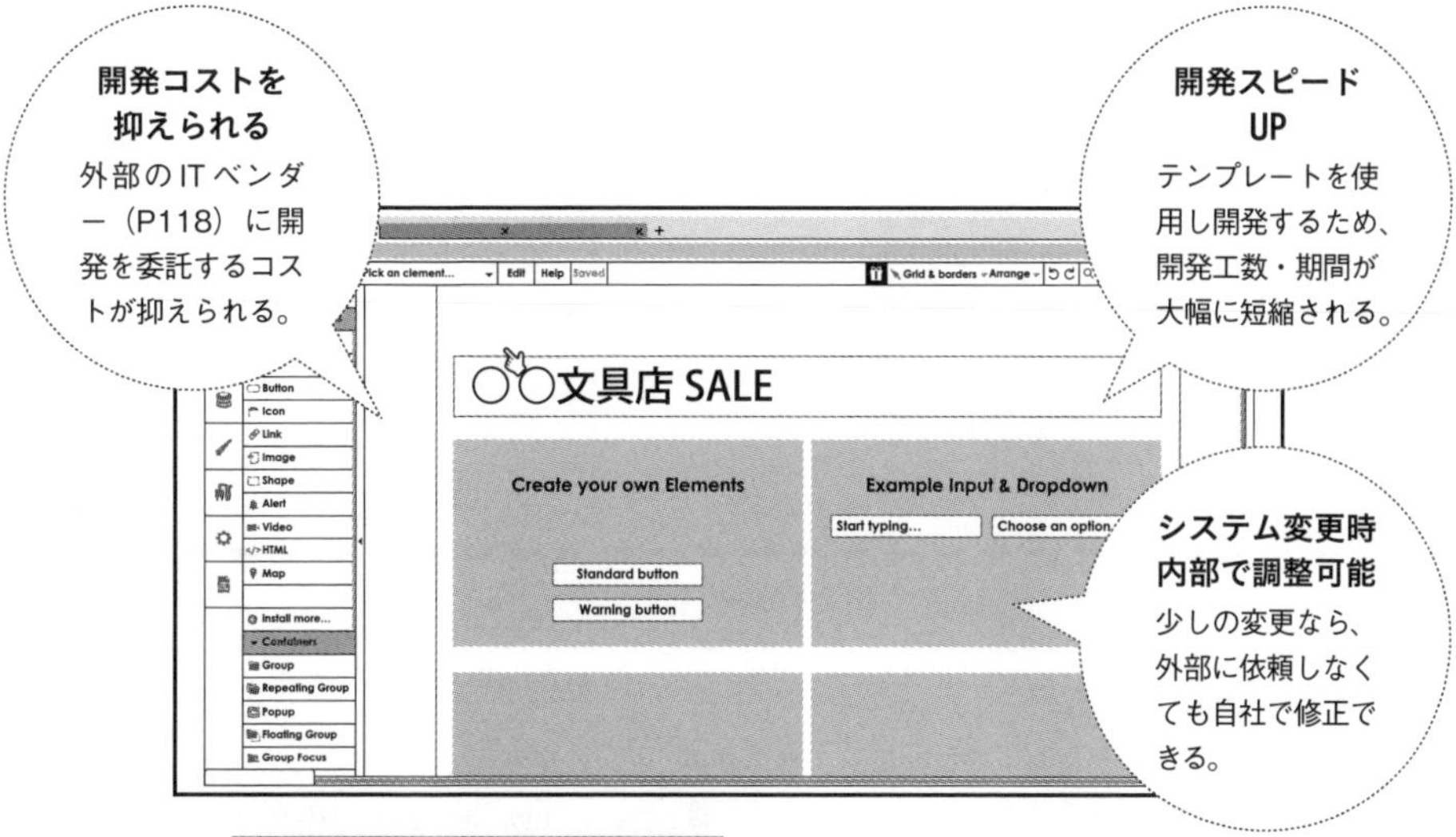

開発コストを抑えられる
外部のITベンダー(P118)に開発を委託するコストが抑えられる。
開発スピードUP
テンプレートを使用し開発するため、開発工数・期間が大幅に短縮される。
システム変更時内部で調整可能
少しの変更なら、外部に依頼しなくても自社で修正できる。
Pick an element...
Edit
Help
Saved
Grid & borders
Arrange
〇〇文具店 SALE
Create your own Elements
Standard button
Warning button
Example Input & Dropdown
Start typing...
Choose an option
Button
Icon
Link
Image
Shape
Alert
Video
HTML
Map
Install more...
Containers
Group
Repeating Group
Popup
Floating Group
Group Focus

目的に合った開発基盤を選ぼう

① 業務システム開発	ex) kintone、サスケ Works、bubble
② モバイルアプリ開発	ex) Yappli、Platio、Adalo
③ Web サイト開発	ex) ペライチ、Shopify、Webflow
④ タスク自動化	ex) Zapier、Power Automate、IFTTT

業務効率化ツールはSaaS《サース》(P83)以外にも多くあります。例えばRPAは、従来人がPC上で行ってきた作業を自動化するツールです。データ入力や集計、メールの一斉送信などを行ってくれます。作業がラクになって働き方が改善されるだけでなく、ヒューマンエラーが減少して生産性向上が期待できます。

また、ノーコード/ローコードツールは専門知識がなくても使える開発ツールです。現在手作業で行っている業務を効率化したいが、工程が複雑でRPAでは対応できなかったり、外部委託してシステム化すると費用が高くつきすぎたりする場合におすすめです。ドラッグ&ドロップで視覚的に操作し、開発できます。

バックオフィス業務　DXツール一覧

DX推進加速で、さまざまなツールが登場。
自社のバックオフィス業務改善に役立つツールを探す。

これもDX

ふだん意識していないが実はDXに有効

意外と便利

こんなのあるの？　ニッチなニーズに応える

人事評価システム

社員のスキル情報の登録・管理機能、人事評価機能、社員の目標の達成状況を管理する目標管理機能などを搭載。タレントマネジメントや1on1システム（下参照）が搭載されているものも多い。

ex) カオナビ,
SmartHR，あしたのクラウド®HR,
COMPANY

1on1 システム

1on1（上司と部下の1対1の面談）がスムーズに行えるツール。日程調整、面談フォーマット、内容の記録・共有、人事評価との連携などの機能が備わる。

ex) WAKUAS，emochan

タレントマネジメントシステム

スキルやキャリアの登録管理・検索、配属管理、育成計画管理機能などを搭載。個人の特性を最大限引き出す人員配置を実現。

ex) HRMOS タレントマネジメント,
タレントパレット

E-Learning

これもDX

ビジネススキル向上などさまざまなコンテンツから、好きな時間に視聴可能。社員の自発的なスキルアップ意欲を活かす。

ex) Schoo for Business，Smart Boarding

適性検査ツール

Web上で回答。対象者の性格や能力、適性を検査。自社に必要な検査内容か、ペーパーテストにも対応しているかを確認し、導入。

ex) HRベース適性検査

＼＼ 適切な在庫量でムダ＆売りのがし減 //

在庫管理・購買

在庫管理システム

在庫数、入出庫、検品をシステム上で管理し、在庫品目や保管場所・拠点のデータを一元化。余剰在庫や欠品を最小限に防ぐ。

ex) zaico, flam, スマレジ

購買管理システム

見積依頼・発注業務の一括実行、購入品情報の登録・管理など、購買業務を効率化。伝票類のペーパーレス化も促進できる。

ex) モノタロウ, 楽楽販売

＼＼ 法改正にもスムーズな対応 //

人事・労務

労務管理システム

社会保険・雇用保険・健康保険の手続き、扶養家族・住所変更などの情報を一元管理。勤怠管理機能が含まれているものも多い。また、マイナンバーの収集・管理を行えるものや、年末調整に特化したソフトも。

ex) SmartHR,
freee 人事労務,
HRBrain,
ジョブカン労務 HR

ストレスチェックシステム

Web 上での従業員の回答を、自動的に集計・分析。未受験者への催促や、面談の日程調整など、フォロー業務の負荷も軽減。

ex) jinjer, ストレスチェッカー,
アドバンテッジ タフネス

健康管理システム

従業員の健康状態や健診結果を、ペーパーレスで一元管理。診断後の面談、改善プログラムなどフォローまで行えるものも。

ex) ラフールサーベイ, バリュー HR,
LLax forest

勤怠管理システム

出勤・退勤打刻、勤務時間の集計、休暇・残業などの申請・承認の管理を効率化。ワークフロー機能や残業時間超過のアラート機能も備えた製品が多い。勤務時間の自動集計により月末の経理業務も効率化。

ex) ジョブカン勤怠管理,
KING OF TIME,
TeamSpirit,
HRMOS 勤怠 by IEYASU

営業活動支援システム（SFA）

顧客情報・商談情報・進捗度などを一元管理。また、外出先でも顧客情報やスケジュールにアクセスできる（SaaS《サース》型）など、営業活動を最大限支援する。

ex) Sales Cloud,
e セールスマネージャー Remix Cloud,
UPWARD, Senses

オンライン商談ツール

通常の Web 会議ツールと比べ、資料・画面共有、録音・録画機能が充実。ネット回線でなく通話回線を利用するツールもあり、高音質での商談が可能に。

ex) VCRM, Chat Meet,
Thumva BiZ, どこでも SHOWBY

予算管理システム

年度の売上高・損益の見積もりを算出し、予算達成に向けて計画的に管理を行う。

ex) Sactona,
Manageboard,
board

会計ソフト

買掛金台帳・売掛金台帳・賃金台帳・試算表・決算資料などの業務を効率化。生産性を向上させる。

ex) freee 会計,
弥生会計 オンライン

請求書発行システム

請求書、納品書、支払い明細などさまざまな帳票が作成可能。Web、メール、郵送など、場合に応じて自動で発行を行う。

ex) freee 経理,
マネーフォワード クラウド請求書,
楽楽明細,
BtoB プラットフォーム 請求書

契約書管理サービス

書類をデータ化し、情報の共有、検索・閲覧を可能に。期限のアラート機能も搭載。

ex) LegalForce キャビネ,
Contract One, DocYou

\\ 情報への到達スピード短縮！　データの活用が可能に //

営業・顧客管理

顧客情報管理システム（CRM）

顧客情報にすぐアクセスできる。また、購買・利用・接触履歴、苦情などの情報を一か所にまとめ、詳細な分析が可能に。顧客との関係性の維持・向上につながる。

ex) Sales Cloud,
Eight Team, Zoho CRM, チャネルトーク

名刺管理ソフト

スキャナ・スマートフォンなどから名刺をデータ化し管理することで、社内で人脈を共有しやすくなる。また、名刺から簡単に取引先情報のリストを作成できる。

ex) Sansan,
Eight Team, アルテマブルー, SmartVisca

\\ 煩雑な手続きでも人的ミスが激減 //

財務・会計

電子契約システム

契約書の締結や管理を Web 上で完結。ペーパーレス化により郵送などの業務が省け、経費も削減。

ex) クラウドサイン, freee サイン,
かんたん電子契約 for クラウド

経費精算システム

領収書読み取り機能で入力作業を自動化。入力漏れなどが減り、経理業務が効率化。

ex) 楽楽精算, freee 経費精算,
マネーフォワード クラウド経費

給与計算システム

従業員の勤怠データと雇用情報から、自動で給与計算を行う。年末調整や所得税計算も効率化。

ex) ジョブカン 給与計算,
マネーフォワード クラウド給与,
給与奉行クラウド,
freee 人事労務

Web 給与明細システム

給与データのインポートのみで作成可能。PC やスマホで確認できるように。

ex) オフィスステーション 給与明細,
S-PAYCIAL® with 電子給与明細

ビジネスチャット

メールで発生していた宛先の確認や定型文の挿入などの手間が省ける。チーム、部署、拠点別にグループ分けが可能。

ex) Chatwork, Slack, Skype,
LINE WORKS

オンラインストレージ

社内外からデータの取り出しができ、容量の拡張も手軽に行える。

ex) Dropbox Business™,
Box

グループウェア

チャット、メール、スケジュール管理、ドキュメント管理、ワークフロー、テレビ会議など多機能。社内の連携やコミュニケーションの円滑化を支援。

ex) サイボウズ Office,
Google Workspace,
Garoon,
J-MOTTO グループウェア

オンライン ホワイトボードツール

意外と便利

ビデオチャットで会議しながら、オンライン上の共同ボードに書き込みができる。手書きとテキスト入力どちらでも OK。

ex) miro, Microsoft Whiteboard,
Zoom Whiteboard

プレゼンテーション 作成ツール

これも DX

オンライン上でプレゼンテーションの共同作業・編集ができる。ファイルの共有や、最新版の同期がしやすい。

ex) Google スライド,
Zoho Show, Scrapbox

\\ 複数のツールによる混乱を解消 //

認証

ID 管理ツール

社内の ID・パスワードを一括管理。アクセス・利用権限の付与、不要 ID の削除、パスワードの一括更新などの機能がある。

ex) jugaa, LOCKED DAS,
メタップスクラウド

ワンタイムパスワード認証

一回限りのパスワードを発行。不正アクセスやサーバ攻撃などのセキュリティリスクを低下させられる。

ex) Swivel 認証ソリューション,
SafeNet Trusted Access

\\ テレワークの強い味方 //

情報共有・コミュニケーションツール

プロジェクト管理システム

進捗、工数・タスク、予算などを全体的に管理。並行してプロジェクトを進行する場合や複数人で取り組むときに有効。外部企業とも連携できる。

ex) Backlog, Asana, Trello, Redmine

ToDo 共有ツール

優先度が明確になり、業務のムダが減少。またお互いの進捗状況が確認できるため、全体像を把握したうえで業務にあたれる。

ex) Stock, Microsoft To Do, Google ToDo リスト

スケジュール共有ツール

どこからでもスケジュールの閲覧・書き換えが可能。予定調整が効率化し、連携がとりやすい。リマインド機能も搭載。

ex) TimeTree, iQube

Web 会議ツール

これも DX

ビデオ・音声通信により、遠方の相手とコミュニケーションがとれる。

ex) Zoom, Microsoft Teams, Cisco Webex Meetings, Google Meet

Web 会議用 プレゼンテーションアプリ

Web 会議の背景の一部にモバイル画面やスライドを映しつつ、プレゼンしている自分自身も表示が可能。

ex) mmhmm, all turtles

アウトソーシングを活用しよう

近年アウトソーシング（外部委託）サービスの種類が増加し、低価格に。自社でツールを導入したりサービスに加入したりするより安価な場合も。

アウトソーシングサービス例

- 月次の給与計算、賞与計算、年末調整
- 内勤型営業
- 電話対応
- BtoB の決済、請求

ぜひ、外部のサービスを利用する発想も持ってみてください。

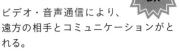

ペーパーレス会議システム

会議資料アップロード、開催通知、資料の共同編集機能などを備え、ペーパーレス会議を円滑に進められる。Web 会議ツールの補完役として使われることが多い。

ex) スマートセッション,
Nasdaq Boardvantage,
Smart Discussion,
ECO Meeting™ CLOUD

メール配信システム

メールマガジンなど大量のメールを一斉配信できる。メール配信後の効果測定や、配信コンテンツ管理などの機能搭載。

ex) Cuenote FC,
アララ メッセージ,
Account Engagement,
WiLL Mail

メール誤送信防止ソフト

意外と便利

再確認画面の表示やシステムによる判定で、送付先や添付ファイルの誤りを防ぐ。

ex) CipherCraft/Mail, Mail Safe,
GUARDIANWALL Mail セキュリティ・クラウド,
safeAttach

ワークフローシステム

業務の申請⇒承認⇒決済⇒保管までの流れを自動化。申請フォームの中から申請書を作成。申請書の内容により、適切な承認者へ自動送信され、決済された書類は自動的に保存される。申請内容に適した書面を探す手間が省け、承認フローの停滞が可視化できるなどの効果もある。

ex) ジョブカンワークフロー,
X-point Cloud,
承認 TIME,
Gluegent Flow

受付システム

自動音声やタッチパネルで、来客を該当部署へ案内し、取次の時間や負担を最小限に。

ex) ラクネコ,
RECEPTIONIST, workhub Reception,
WowDesk

マニュアル作成ツール

マニュアルのテンプレート・レイアウト機能が利用できる。画像・動画編集機能も備わり効率的なマニュアル作成が可能。

ex) tebiki, VideoTouch, toaster team,
Dojo

DX推進加速でラインナップが豊富に

その他の業務効率化ツール

クラウドPBX

PBXとは、電話交換機のこと。離れたオフィス、自宅PC、社用スマホやタブレットから会社宛ての電話を受けたり、内線をつないだりすることができる。

ex) Voice X,
Omnia LINK, BIZTEL,
ひかりクラウドPBX

メール共有システム

複数人で顧客・取引先からの問い合わせを管理するシステム。返信の重複防止、対応ステータスの管理などが可能。

ex) Zendesk,
サイボウズ メールワイズ,
メールディーラー,
yaritori

議事録作成システム

会議やミーティング内容を文字起こしして整理。内容の振り返りや、社内の関連部署・関係者へのノウハウ共有が簡単に。

ex) ACES Meet,
Rimo Voice,
AI GIJIROKU,
COTOHA Meeting Assist

手書き文字読み取りツール

データ入力の手間を省き、二重入力や、誤字脱字など人的ミスを減らす。AIを搭載し、読み取り精度を高めているものも。

ex) ClipOCR,
Office Lens, AI-OCRらくスルー

会議室予約システム

会議室の予約・キャンセルや変更がPCやスマホから行える。利用状況が全社員と共有でき、連携がとりやすい。

ex) 予約ルームズ,
ResourceLook Online,
iMeeting®-R, touch-mee

チャイムツール

意外と便利

指定した時間・曜日に、PCからチャイムを鳴らすことができる。テレワーク時の始業・終業・休み時間の目安に。

ex) スクールチャイム,
Free Alarm Clock, 簡易チャイム,
チャイムタイマー33

ナレッジ共有ツール

社員が業務やプロジェクトを通じ獲得したノウハウや、知識（ナレッジ）を気軽に共有できるプラットフォーム。

ex) NotePM, DocBase, Qast,
Qiita Team

10 譲れない条件を決めておく。製品ほどリストアップし、選定する

製品ごとに点数をつけ、比較する

各ツールを、選定の基準となる項目別に点数で評価。
重視したい条件には比重を置く。

A	B	C
○	○	○
○	◎	◎
○	○	△
○	○	◎
△	◎	○
○	○	○
◎	○	△
25点	35点	29点

A：3点×2＝6点 / 1点×2＝2点
B：5点×2＝10点 / 5点×2＝10点
C：5点×2＝10点 / 3点×2＝6点
35点（一番点数の高いものを選定）

導入するツールを選定する際には客観的な視点が不可欠です。さまざまな観点から、比較・選定を行ってください。

選定の際にも、3つくらいは候補を残し、ツール導入上、絶対に譲れないポイントに従い判断します。そのために、上のような表を作成するといいでしょう。

まずチェック項目を並べ、候補にあげたツールごとに点数化します。

このとき、自社で特に重要と考える項目については比重を置いて

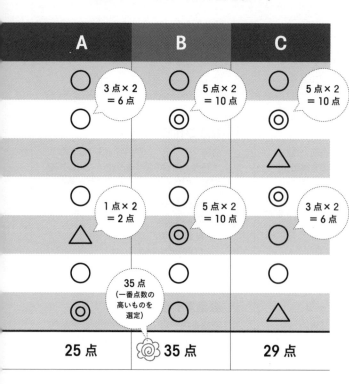

《 業務ソフトウェアの選び方の例 》

チェック項目		ツール名
業務適合性	自社の業務フローとなじむ？	
重要! コスト	導入費用だけでなく、運用費用も無理なく支払える？	
セキュリティ	ISO 認証*取得など、セキュリティ対策は施されている？	
拡張性	カスタマイズや機能の追加はどの程度可能？	
重要! ベンダー企業の信頼度	ベンダー企業（P118）のサポート体制は充実している？	
メーカーの将来性	サービス自体や、運用サポートが終了するおそれはない？	
同業界への導入実績	業界特有の商習慣や勤怠管理などに対応できる？	
合計		

◎……大変良い〈5点〉　○……良い〈3点〉　△……まあまあ〈1点〉

評価します。例えば特に安全性を重視したい場合には「セキュリティ」の項目を1.5倍または2倍にして計算します。

そのうえで各ツールの合計点を比較すると、もっともニーズに適したツールを選ぶことができます。

手間に感じるかもしれませんが、選定に時間をかけておくと、導入以降がスムーズです。

本チェック項目はあくまで例のため、企業ごとの実際の業務要件や環境に応じ、項目の検討が必要です。

＊ 国際標準化機構（ISO）が示す、情報の機密性・完全性・可用性の３つをバランス良く管理し、有効活用するための枠組み。業種・業態を問わず取得可能。取得により、情報リスクの低減、企業内外からの信頼獲得などの効果が得られる。

基幹システム

実現可能な部分から新しいツール（SaaS《サース》等）を導入。古いシステムから少しずつ脱却していく

レガシーシステムの放置が重大な損失を生み出す

古いシステムのままでは、デジタル技術が発達した社会に対応できず、DXを実現できない。

当てはまるものにチェック！

- ☑ 現在の業務のやり方と合っていない
- ☑ 初期のシステムを知る人が社内にいない
- ☑ 動作が遅い
- ☑ サポート終了予定のメーカーのもの
- ☑ 保守費用が高すぎる
- ☑ 部分的な修正・更新を繰り返し、複雑化

セキュリティリスク大
物理媒体でデータの受け渡しをしている場合、情報漏洩のリスク大。

運用コストの増大
メーカーサポートが終了。トラブルの原因調査や部品調達でコスト増大。

データ活用ができない
そもそも、活用を前提としたデータシステム設計になっていない。

既に基幹システムを使用している場合、新たに導入するツール（SaaS等・P83）とどう折り合いをつければ良いのでしょうか。

導入時から相当時間が経過し、現行業務と合わなくなっているシステムはレガシーシステムと呼ばれています。日本の多くの企業がレガシーシステムを抱えています。この状況を放置することで、システム障害やパフォーマンスの低下、互換性の喪失によるビジネス上の損失といった問題が発生すると考えられています。経産省はこれを

システム移行には4つの方法がある

システム刷新は費用的にハードルが高い。
部分的・段階的に移行していく。

① 部分的・段階的移行

1つの業務単位などで分け、段階的に移行する方法。SaaS型の業務システムなどに、徐々に置き換える。

メリット
・失敗時の影響範囲が少ない

デメリット
・作業回数が多くなる
・失敗時、回復が大変

刷新費用を一括で払うのは難しいもの。この方法なら、費用を分散できます。

② 一括移行

現システムを全面的に新しいものに切り替える方法。

メリット
・現在の問題を一気に解決できる

デメリット
・移行に失敗すると業務が止まる

③ 並行移行

現行システムと新システムを同時に稼働させながら移行する方法。

メリット
・問題発生時、旧システムに戻せる

デメリット
・移行期間は運用費用が2倍に

④ パイロット方式

1部署など限定的に新システムを試し、問題がなければ一括移行。

メリット
・影響を見極めながら徐々に移行できる

デメリット
・移行作業が複雑になる

Column

昔の独自開発システムに潜む危険

独自に構築したシステムを使っている場合、当時の担当者がいなかったり仕様書が行方不明だったりしてシステムが読み解けないことも。このようなときはシステムを刷新するほかないのですが、経営者が尻込みしてプロジェクトが中断してしまうことも珍しくありません。

「2025年の崖」*と呼び警鐘を鳴らし、レガシーシステムの刷新を呼びかけています。

実際には中小企業ですぐに全てのシステムを入れ替えることは困難でしょう。可能な部分から新たなツールに置き換え、少しずつレガシーシステムから脱却してください。

＊ レガシーシステムを刷新し、DXを推進しなければ、日本企業の競争力が低下し、2025年から年間約12兆円の経済損失が発生することの表現。経済産業省が2018年に発表した「DXレポート」で初めて使用された。

\\ 実践力を高める！ //

バックオフィス改善ケーススタディ

課題解決の方法は、業務特性や課題の特性によってさまざま。
各企業の改善事例を参考に、より実践的な課題解決方法を考えよう。

Case 01 人材不足に悩む地方企業A

全社員50人ほどの、地方中小企業。新卒・中途採用共に**就活市場での人気は低迷中**。子育て・介護などの家庭の事情で離職する人材も多く、**慢性的な人手不足**が問題視されていた。正社員は毎日のように2～3時間の残業が当たり前であった。

問題点 ➡ **人手不足**　**解決策** ➡ **テレワーク環境整備など、働き方改革**

勤怠管理システム、ビジネスチャットツールの導入、情報セキュリティの高い通信ルーターを整備。テレワーク環境を整備し、**家庭の事情で辞めざるを得なかった人材を呼び戻した**。また、遠方在住の人材雇用にも成功。さらに、有給取得を推奨し取得率が向上。**働き方データを就職サイトでアピール**し、就活市場の人気が上昇。

Case 02 売上低下に悩むスーパーB

ある地域で複数の店舗を展開している、地域密着型スーパーマーケットB。近年、近くにできた競合店や、ネットスーパーの台頭により、売上が低下気味だった。

問題点 ➡ **数年間、売上が低迷……**　**解決策** ➡ **購買業務を本社で一括管理**

店舗ごとに行っていた購買業務について、本社での一括管理へと体制を変更。在庫や運搬費などのムダを少なくすることでコスト削減し、営業利益を増加させた。
また、店舗ごとの発注作業の手間が減ったことで店舗に出られる人数が増え、顧客へ以前より丁寧な対応ができるように。接客に対する好意的な意見が増えた。

Case 03 事務担当者の負担が大きいC社

全従業員数20人ほどのC社。給与計算は、月末に事務担当者が全員分Excel《エクセル》で集計していた。人数こそ少ないが事務担当者には毎月大きな負担が。

問題点 ➡ **特定の社員への負担**　**解決策** ➡ **給与計算を外部委託**

社員数が少なく、システム導入までは踏み切れていなかったが、事務業務を外注したことで社員の負担が激減。より生産的な業務に時間をさけるようになった。

Case 04 伝統の職人技が強みの製造業D社

伝統の職人技で、独自の価値を生み出している製造業D社。独自価値を保ったまま製造プロセスを効率化したいが、既存の業務システムは自社になじまない。

問題点 ➡ **製造プロセスが複雑すぎて既製品で対応できない**　**解決策** ➡ **専用のシステムを開発**

既製品で対応できない箇所のみ、ソフトウェア開発業者（P127）に委託し、専用のシステムを組み上げる。既製品に仕様変更や機能追加するより、安価な場合も。

気をつけたいよくある失敗例

NG　とりあえず、言われた通りにデジタルツールを導入しておけばいいや

経営者や上層部との意思疎通ができておらず、課題の解決にならないツールを導入してしまう。

NG　1か月でやれと言われた。かなりムリがあるが、やるしかない……

経営者の発言力が強く、設定期限に反論できない。事前準備が不十分なまま急いで導入し、結局全く定着しない。

NG　経営者が経営仲間から聞いたデジタルツールを導入することに

他のツールと比較しないまま、自社になじまないツールを導入してしまう。

デジタル技術を使って何ができるか考える。顧客へ新たな価値を提供する

DXとは今の事業をデジタル化することではなく、デジタル技術が当たり前の世の中で自社に何ができるかを考えることです。フレームワークを使い既存事業や市場を改めて整理しなおすと、新たな気づきが得られるかもしれません。

こんな風に考えてみましょう。

「創業時の企業理念を掲げて今のデジタル時代に起業するなら、どんなビジネスを行うだろうか」

創業の理念×デジタル社会という問いかけが、企業が取り組むべきDXのヒントになります。

デジタル社会に即した経営戦略を練る

デジタル技術が発達した社会×自社の製品やサービスで何が生まれるか、フレームワークを使い新しい可能性を考えてみよう。

Lesson　SWOT《スウォット》分析*とは？

経営や事業を取りまく環境を多面的に分析し戦略を明確化。

Step 01　自社の業務の現状を4つの観点から分析

	プラス要因	マイナス要因
内部環境	**強み（Strength）** 強み・長所・得意	**弱み（Weakness）** 弱み・短所・苦手
外部環境	**機会（Opportunity）** 自社にプラスに働く社会や市場の変化	**脅威（Threat）** 自社にマイナスに働く社会や市場の変化

Step 02　4つの観点をかけ合わせ、戦略を考える

	強み	弱み
機会	**強み×機会** 自社の強みを成長機会に活かすには？	**弱み×機会** 機会を活かすため、弱みを補うには？
脅威	**強み×脅威** 強みを活かして脅威を乗り切るには？	**弱み×脅威** 弱みを理解し脅威の影響を減らすには？

* 事業の戦略方針を明確にするためのフレームワーク。自社の事業の状況を、内部環境（強み・弱み）、外部環境（機会・脅威）の4つに分類・分析したあと、4つの観点をそれぞれかけ合わせ、戦略の方向を考える。

Try! 自社に当てはめて考えてみよう

Lesson にのっとり、実際に SWOT 分析をやってみよう。

ex）文房具メーカーの場合

Step 01 プラス要因／マイナス要因

	プラス要因	マイナス要因
内部環境	**強み** ・高い技術力 ・ニーズへの柔軟な対応	**弱み** ・単価が高め ・デジタル技術の発達による文房具需要の低下
外部環境	**機会** ・オンライン市場の拡大 ・高品質なモノへの需要が拡大	**脅威** ・安価な海外製品 ・短納期に強い競合他社

Step 02 強み／弱み

	強み	弱み
機会	**強み×機会** 高品質なオーダーメイド製品の販売	**弱み×機会** オンラインショップを開始
脅威	**強み×脅威** ブランドの認知・好感度を高める	**弱み×脅威** リピート率・製品の愛好者を増やす

↓

各戦略から、具体策を考える

オンラインで文房具を自分の好みにカスタマイズし、実際に購入できるサービスを考える

↓

オンラインショップを開設

業種別

デジタルツール×業務のアイデア集

業種ごとに、取り入れやすいツールやサービスを紹介。
対顧客や、事業そのものに関わる部分を変革していく。

File 01 ››› 小売・飲食

オンラインビジネスをかけ合わせ、顧客データを活用する

店舗販売が前提の販売方法に、オンラインショップやネット注文などを少しずつ取り入れていく。ネット上に蓄積された顧客・売上データを活用し、自社の製品・サービスを顧客ニーズに対応させていく。

顧客データ分析で仕入れロスを減らし、売上を上げる

POSレジ

小売　飲食

商品が売れた時点で商品名、個数、売れた時間などを記録することができ、売上データから消費者のニーズを把握することができる。事前に商品情報の登録が必要。

メリット

- 品揃え・売価の改善の効率化
- 会計時、メニュー金額入力の手間が省ける

ex)

- スマレジ
- STORES レジ
- AirREGI

POSレジ機能 ＝（**従来のレジ機能**　・商品金額の計算　・釣銭の計算）＋（**売れた商品の名前、価格、個数、売れた時間を収集・記録・分析**）

オーダーミス・待ち時間減少でリピート率UP

テイクアウト予約システム

飲食

来店前にインターネット上で注文。来店時はすぐに出来上がった商品を受け取れる。

メリット

- 店内での注文・会計業務時間が短縮され、従業員の負担が軽減
- 待ち時間が減り顧客満足度UP

ex)

- テイクイーツ
- Squareオンラインビジネス
- STORES

実際に新たなツールを活用する際は、業務も見直し、“ツールを入れただけ”にならないよう注意しましょう。

気軽に行えるオンラインショッピングで顧客を拡大・囲い込む

オンラインショップ・スマホアプリ　小売　飲食

新規顧客の獲得と既存顧客のリピート率UP、自社に合うほうを選ぶ。予算に余裕ができたら、併用も有効。どちらも、簡単な機能を満たすものならノーコード／ローコード開発（P85）で作ることができる。

	新規顧客を増やしたい！ オンラインショップ	リピート率を上げたい！ スマホアプリ
ターゲット	ブランドを知らない新規ユーザー	一度ブランドを使用したユーザー
メリット	● ダウンロード不要で閲覧可能 ● 製品を利用したことがない顧客にも知ってもらえる ● 常に最新の情報を提供	● ホーム画面からすぐアクセス ● プッシュ通知で接触機会を増やし、購入意欲を高められる ● 会員証・クーポンが発行可能
主な目的	検索してきたユーザーにアプローチ	利用したことがあるユーザーの囲い込み
開発ツール	● Shopify ● SpreadSimple ● ペライチ	● Platio ● Yappli ● Glide

注文時の接客省人化でより質の高いサービスが提供可能に

セルフオーダーシステム　飲食

顧客自ら、テーブルからスマホやタブレットで注文する。

メリット

- 注文受付にかかる時間を削減
- オーダーミスが減少
- 感染症予防

ex)

- Air menu
- メニウくん
- スマレジ・テーブルオーダー

顧客対応の省人化と細やかさを同時実現

チャットボット　小売

顧客からの問い合わせにチャットで自動返信するシステムを構築できるサービスを利用する。

メリット

- 問い合わせ対応の省人化
- 24時間対応が可能に
- 的確な受け答えができる

ex)

- KARAKURI chatbot
- Zendesk
- おもてなしSuite

File 02 ››› 建設

アナログ業務を効率化。労働時間を短縮し、人材を確保する

長時間労働の常態化や、働き手の高齢化が問題視される建設業界。情報管理や見積作成などの事務作業の効率化で、働き方を改善し、若年層の人材を確保する。

工事における情報を一元管理。作業後の事務作業を削減

施工管理システム

契約、進捗管理、売上金の回収など、工事に関するさまざまなデータを１つの場所にまとめ、共有・検索を簡単にする。

メリット

- 情報検索の手間・時間を削減
- 手入力によるミスを減らす
- 社外への進捗報告がスムーズに
- ペーパーレス化で経費削減

ex)

- AnyONE
- ダンドリワーク
- ANDPAD

《 施工管理システムの主な機能 》

工事情報の登録・管理
案件ごとの予算管理
発注元ごとに請求書作成
案件ごとの進捗・工程管理
日報報告の管理

人的ミスを削減し、過不足ない見積もりを

積算見積ツール

数値を入力するだけで、見積もり・積算（工事に必要な材料の原価計算）を自動計算・集計する。どんぶり勘定の積算や過少見積もりを防ぎ、自社にも取引先にもメリット大。

メリット

- 見積もり・積算書の精度が向上
- 作業時間の削減
- 変更点も簡単に反映できる
- ツール上でまとめて保管できる

ex)

- ゴールデンリバー
- メビウスR
- ヘリオス

その場で見積書を見ながら商談。契約スピードが早まる

見積管理システム

見積書の作成・発行や、見積書の保管、利益率の分析などの機能により、営業活動を支援。SaaS《サース》型（P83）なら、社外からでも見積書を作成できる。

メリット

- テンプレートが使用できる
- 見積もり作成のスピード UP
- Excel《エクセル》計算より精度が向上
- 見積作業のノウハウを共有

ex)

- 見積 Rich
- Sales Quote Assistant
- 見積デザイナー

建設業 × 顧客情報管理システム

長年の顧客との信頼関係をそのまま継承

創業が古い工務店などは、つき合いの長い取引先が多い。以前の工事を参考にして作業しなければならなかったり、何年も前の工事の問い合わせがあったりすることも。顧客情報管理システム（P89）で、顧客情報の検索を簡単にし、担当者の退職後も変わらない対応が可能に。

この人のデータは…
お世話になってますー

建設業 × 電子契約

電子契約のメリットが大きい建設業界

下請け構造のため、外部企業との連携が多い建設業。契約書・見積書・請求書を電子化し、書類作成を効率化、管理を一元化する。大幅に業務作業時間が削減できる。

建設業 × SNS

あとは知名度だけ。自社の技術・ノウハウを世に広める

高度な技術、シェア率を誇るが、知名度の低さで新規顧客の獲得や人員確保に悩む企業も。SNS を活用して会社のユニークさを発信。知名度を上げ発注や採用の応募者増加を狙う。

File 03 ››› 運送

配送ルートを効率化し、ドライバー不足に対応

長時間労働・人手不足の恒常化が課題となっている運送業界。オンラインショッピングの普及で、小口配送の件数が増加し、ドライバーの負担が増えている。業務の効率化、働き方改革が求められる。

最速で最適なルートを算出。誰でも同クオリティの配車が可能に

配車計画システム

従来は、固定ルートではない配車業務では、配車担当者の土地鑑や経験により、日々の配送ルートが決められていた。配車計画システムでは、さまざまな条件を加味し、自動で配車計画を算出することができる。

メリット

- スピーディに最適なルート算出
- トラブル発生時は速やかに変更
- 新人でもムダなく配車できる
- 最適な配送ルートでコスト削減

ex)

- Loogia
- Cariot
- ODIN 配送計画

配送依頼を直接発注。ドライバーはスキマ時間を有効活用

配車マッチングサービス

荷物の受け取り・配送を頼みたい個人や、当日中に荷物を届けたい法人と、配達ドライバーを直接つなぐサービス。

メリット

- 登録費がかからない
- 仕事の空き時間に稼げる
- 即日入金が可能

ex)

- PickGo
- DIAq
- ハコベルカーゴ

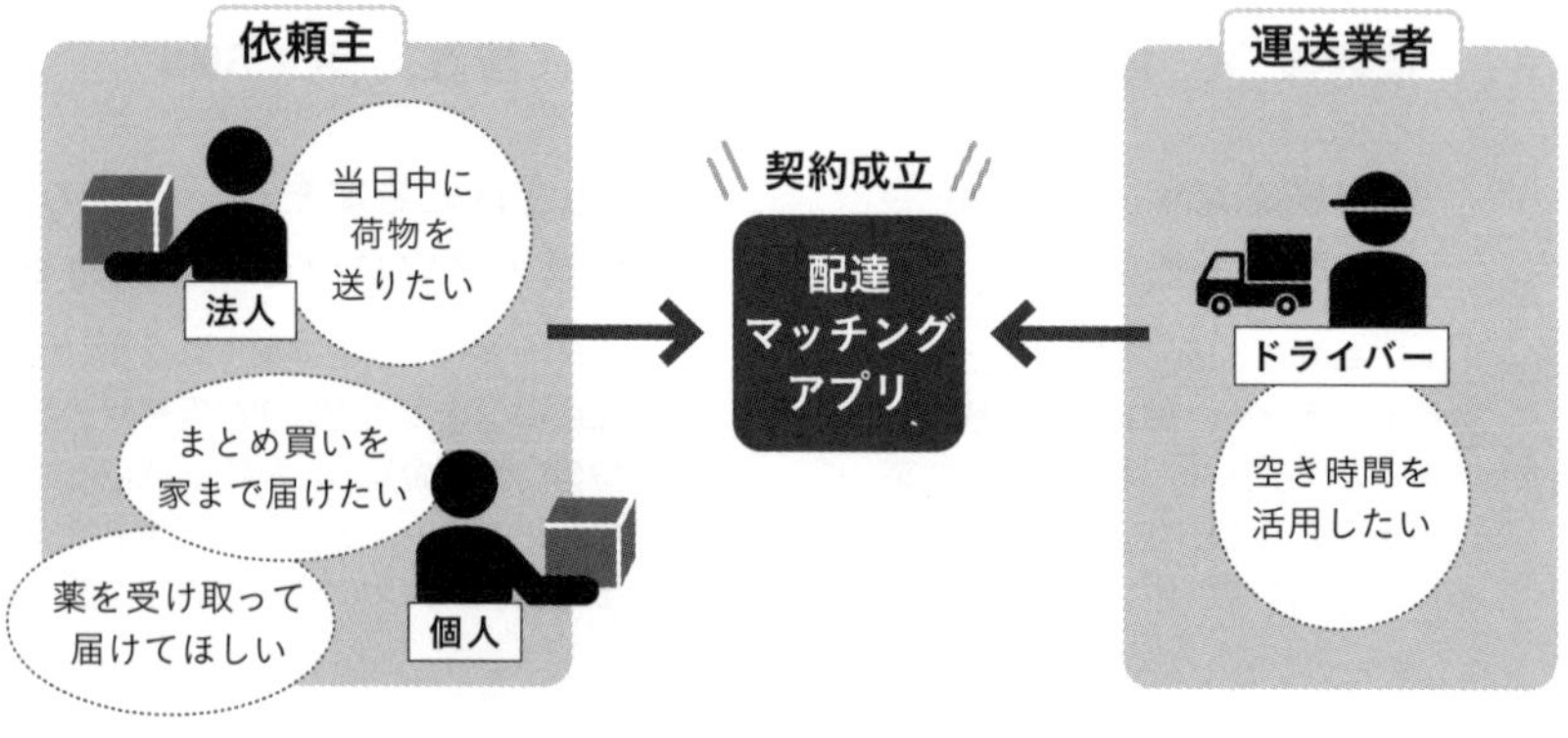
依頼主
法人
当日中に荷物を送りたい
まとめ買いを家まで届けたい
個人
薬を受け取って届けてほしい
契約成立
配達マッチングアプリ
運送業者
ドライバー
空き時間を活用したい

File 04 ››› 卸売

コスト削減に取り組みつつ、収益力強化が必要となる

オンライン通販の台頭で、卸売業の需要は低下気味に。事務作業の効率化による経費削減と、データ活用による収益力の強化が求められる。

煩雑な受発注業務を効率化。ミス削減・データ活用が可能に

受発注システム

システム上で小売店からの注文を受け付け、請求書を自動作成し送付できる。また、メーカーへの発注書も自動で作成・送付。従来の紙管理に比べ、大幅に作業時間が短縮。また蓄積した取引データにより、今後の仕入・販売の戦略を考えられる。

メリット

- 発注書・請求書の作成が省ける
- 取引先の発注作業がラクに
- ヒューマンエラーがなくなる
- ペーパーレス化で経費大幅削減

ex)

- 楽楽販売
- らくうけーる
- MOS® Lite

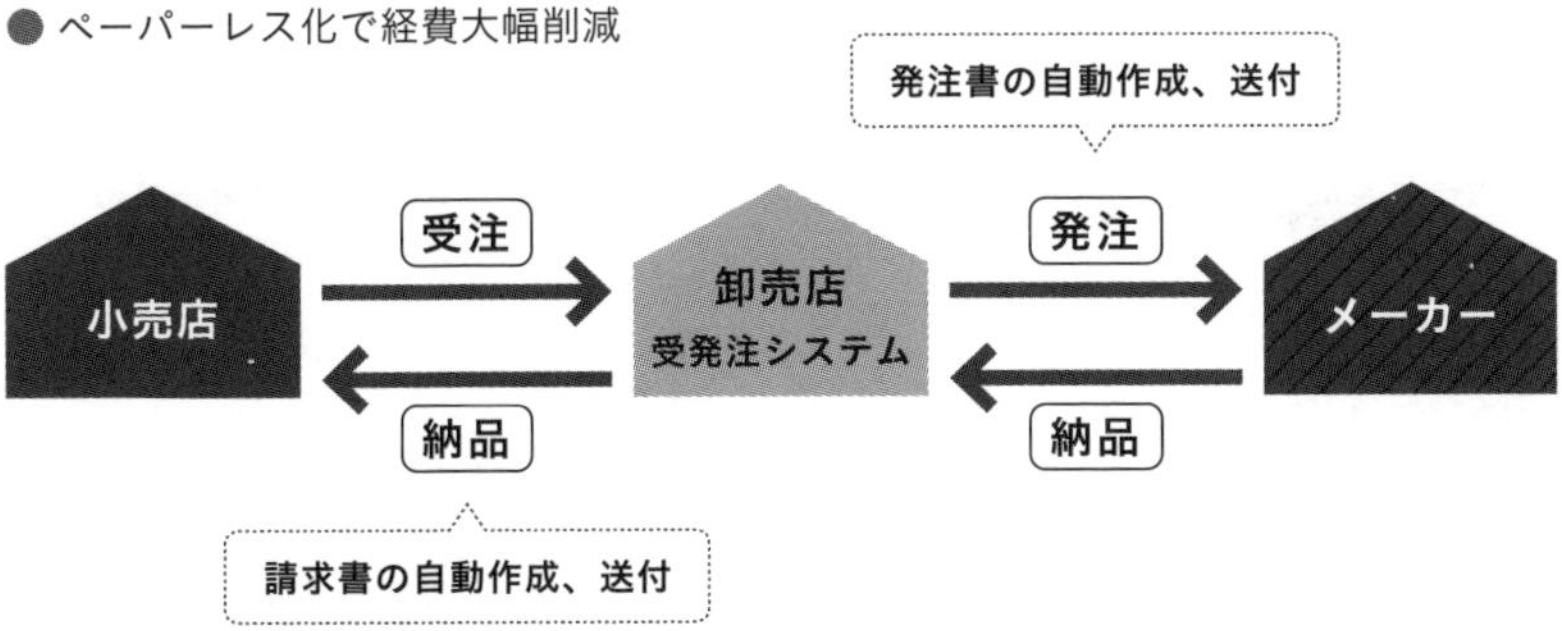

発注書の自動作成、送付
小売店
受注
納品
卸売店
受発注システム
発注
納品
メーカー
請求書の自動作成、送付

卸売業 × Webサイト

得意先だけではなく新規顧客の獲得が期待できる

今後、固定の取引先に加え新規開拓が望まれる。仕入先をネット検索している小売店などに、サイトを訪れてもらうことで、新規取引の獲得が期待できる。

卸売業 × 手書き文字読み取り

紙一択！な得意先には負担をかけず、FAXをデータ化

システム注文への切り替えを頼みにくい取引先には、変わらずFAXで発注してもらう。手書き文字読み取りツール（P93）でテキスト化し、システムへ入力。

File 05 >>> 不動産

紙管理の書類を減らし、手続きの効率化。
デジタルツールの利用で居住地にとらわれない営業活動を

物件情報を一元管理し、検索を容易に。電子契約の利用で郵送の手間を削減。また、ツールを活用しオンライン内見やサポートサービスなどを充実させれば、遠方の顧客にも選ばれる企業に。

実際に内見できない顧客も部屋のイメージが湧きやすい

VR 内見

VR（仮想現実）の技術で、顧客が家にいながら物件の内見ができるサービス。VR 画像を作成できるサービスを利用する。

メリット

- 物件を案内する時間を削減
- 遠方の顧客との成約率 UP
- 他社と差別化が図れる

ex）

- VR 内見®
- スペースリー
- THETA 360.biz

データの一元管理で問い合わせ対応速度 UP

不動産管理システム

間取り・築年数・駅からの距離など物件の詳細情報を事前に登録。顧客が求める条件に合った物件を素早く探し出すことができる。

メリット

- 顧客対応の迅速化
- 不動産ポータルへ一括で掲載
- 情報更新時のミスは通知される

ex）

- ES いい物件 One（賃貸）
- 賃貸革命 10
- いえらぶ CLOUD

不動産業 × チャットツール

気軽な受付体制で充実したサポートを提供

契約前の問い合わせや、契約後の困りごとなどを、チャットで気軽に受け付ける。サポート体制への顧客満足度が向上し、契約成立・更新につながる。

不動産業 × Web 会議ツール

遠方の顧客でも商談が可能に

遠方に居住していて現地に来れなかったり、忙しくて時間がとれなかったりする顧客とも物件情報を画面共有して商談。柔軟な対応により、成約率が UP。

File 06 ››› 宿泊サービス

デジタルツールを活用したおもてなしで、国内外の宿泊客を呼び戻す

感染症拡大による国内外の旅行客の減少や、インターネットを活用した民泊の登場により、打撃を受けた宿泊業界。積極的にデジタルツールを活用して宿泊客を呼び戻しリピート率を上げ、活性化を目指す。

海外からの旅行客にもきめ細かなサービスを

翻訳・通訳ツール

海外客とのコミュニケーションを円滑に。電話通訳や、メールを代行するサービスもある。

メリット

- 語学が苦手でも意思疎通ができる
- 海外客のリピートにつながる
- 地域経済の活性化が見込める

ex)

- 音声翻訳＆音声通訳 Pro
- マルコ（電話通訳サービス）

事務作業を効率化。宿泊データを活用できる

予約管理システム

空室、宿泊予約、販売価格、料金精算、チェックイン／アウトの滞在情報などを一括で管理する。

メリット

- フロント・予約受付業務の効率化
- 24 時間受付で機会を逃さない
- 蓄積データを分析・活用できる

ex)

- グーペ
- Staysee
- Repitte HOTEL

宿泊サービス業 × 動画コンテンツ

ベテランスタッフの清掃を動画マニュアル化

ベテランスタッフの清掃作業を撮影。お手本の清掃の仕方を動画で学ぶことで、ベテラン、新人間での清掃クオリティのばらつきを最小限に。

宿泊サービス業 × スマホアプリ

館内情報のアプリ作成で問い合わせ対応を省人化

館内地図・施設情報、周辺の観光スポットなどを自社専用アプリにまとめて掲載。フロントの業務が減少し、一人ひとりの顧客により丁寧に対応できるように。

File 07 ››› 医療

管理面の遅れを取り戻す。医療格差も小さく

医療物資用の管理システムの未整備、保健所への連絡手段がFAXなど、感染症拡大で日本の医療現場のデジタル化の遅れが明らかに。医療事務作業の効率化、システム構築が求められている。

通いやすさで
患者に選ばれる病院に

オンライン診療システム

スマホ・タブレット、PCなどを使い、離れた所にいる患者を遠隔で診察する。予約、決済、処方箋発行がオンライン上で完結。

メリット

- 患者の通院時間・手間が減る
- 転居した患者も引き続き受診可能
- 待ち時間中の院内感染が防げる

ex)

- CLINICS オンライン診療
- YaDoc
- LINE ドクター

待ち時間の見える化で再診率
向上。院内感染リスクも減

診察予約システム

患者が、来院予約をPCやスマートフォンでWebから行うことができるシステム。診察だけでなく、予防接種や検査の予約も可能。

メリット

- 患者の待ち時間が短くなる
- 受付業務が効率化
- 無断キャンセルが減る

ex)

- Emidel
- メディカル革命 by GMO
- ChoiceRESERVE

瞬時に複数のスタッフと情報
共有。伝達・転記ミスも予防

電子カルテ

紙カルテへの記入内容（診察内容や経過）を電子化。それに加え、看護記録、検査結果、検査画像などを電子データとして保存する。

メリット

- 複数人で瞬時に共有できる
- 保管スペースの削減
- 誤読や、伝達・転記ミスが防げる

ex)

- Medicom-HRf
- セコム OWEL
- Qualis Cloud

利便性UPで患者の
“かかりつけ薬局”を目指す

処方箋予約システム

患者が自宅や外出先から処方箋を薬局に送ると、薬の受け取り予約ができる。利便性から、リピート率がUP。

メリット

- 来店時間や処方する薬を事前に把握でき、業務効率化
- 来店できない患者には配達も

ex)

- RESERVA
- EPARK くすりの窓口
- SOKUYAKU

File 08 ››› 製造

生産フローの見える化・最適化で
人員・エネルギーコストカット

人手不足、海外との競争力低下が課題の製造業。製造プロセスを一元管理し、非効率を見える化。最小限の人員とコストで運営できる生産ラインへと改善。労働時間を減らし、浮いたお金は投資にまわす。

複雑な部品情報でも
効率良く・ミスなく管理

BOMシステム

部品名・数量・型番、価格、スケジュール、製造時の指示、加工方法など、BOM（製品製作に必要な部品の一覧表）を管理。

メリット

- 変更点を反映しやすい
- 人的な管理ミスが起こりづらい
- 特定の部品の影響範囲を探せる

ex)

- COLMINA 技術情報管理 部品表
- Visual BOM
- rBOM

常に最適な
品質・原価・納期を実現

生産管理システム

製造業務の納期・在庫・工程・原価を統合的に管理し、QCD（品質・原価・納期）を最適化する。

メリット

- 不良品が発生する工程を把握
- 在庫状態や販促情報を、即可視化
- 蓄積データによる適切な原価管理

ex)

- UM SaaS Cloud
- Cloud2Mfg
- effitA

製造業
×
動画コンテンツ

対面営業の制限下でも、
強みを映像でアピール

感染症拡大で自社工場の見学が制限された状況下での代わりとして、動画を制作し配信。実際の製造工程や従業員の勤務態度をアピール。信頼関係の継続や、新規契約成立につなげられる。

製造業
×
オンラインショップ

海外の顧客にもダイレクトに
販売できる時代に

商品流通は、店舗を構えられる資本のある企業が有利だったが、今は簡単にオンラインショップを開設し、国内外に販売可能。小さな工房の伝統工芸品でも海外需要で売上上昇を目指せる。

\\ コンテナ昇降装置 //

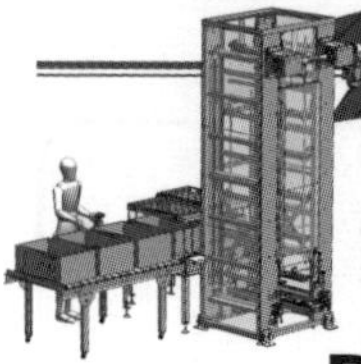

DX成功企業にインタビュー

\\ すり身をパック詰めに //

業務効率化からAI開発まで。DXで「秘密兵器」を発明&製造

生産現場にオーダーメイドの省人化機械を提供するイシダテック。DX推進でノウハウに磨きをかけ経産省のDX認定事業者*にも認定。

株式会社イシダテックの推進体制

部署がばらばらな5人で“社内ツール検討会議”を結成！

・社内業務の改善を行う、部門横断型チーム
・メンバーの平均年齢は32歳（2022年12月現在）
・毎週金曜日45分の定例会

経営陣

石田社長

中田さん

製造部　資材購買部　技術部　総務部　事業推進室

渡邊さん

小山さん

金澤さん

AI導入などの新しい事業・取り組みを推進する社長直下の部署

株式会社イシダテック（製造／静岡県焼津市）

15,246平方メートルの敷地を有する。

国内外の食品・医療品製造業者に向け、完全オーダーメイドで省力化機械を企画・設計・製造。発注企業の事業成長を促進する、秘密兵器メーカー。

・設立：1948年
・代表者：石田尚
・主たる事業：食品システムプラント・産業省力化機械の設計・製造
・従業員数：41名（2022年12月現在）

* 経済産業省が、国が策定した指針をふまえて優良な取り組みを行う事業者を認定するDX認定制度によって認定した事業者。イシダテックは、2022年12月1日に事業者認定を受けている。
「DX認定制度」https://www.meti.go.jp/policy/it_policy/investment/dx-nintei/dx-nintei.html（経済産業省）

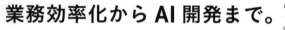

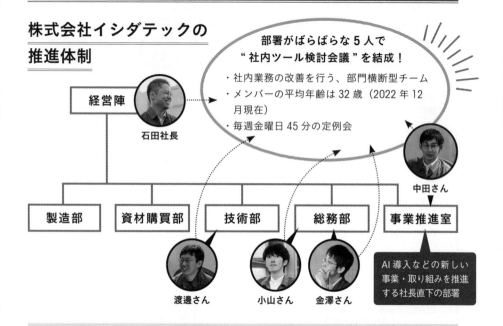

① デジタイゼーション

身近な業務をデジタル化。小さな 便利! を作る

ちょっとした日々の業務の効率化からスタート。
デジタル技術の恩恵を体感する。

便利!

**昼食の注文はGoogle
スプレッドシートで管理**

以前は、1枚の紙に全社員が毎朝並んで記入。会社負担分の集計作業が煩雑で、発注時もミスが起こりやすかった。

↓

**スプレッドシートから
各自記入で、待ち時間が減少。
集計作業もラクに！**

便利!

**報告書・申請書は
Google フォームで提出**

フォーマットがなく、個人間で報告書の記入量・質の差が発生。また、申請書の記入漏れも多く、追加聴取が頻繁に発生していた。

↓

**作成・提出・共有まで
ワンストップ化が実現。
社内外どこからでも提出が可能に！**

便利!

**ストレスのない
ハード面の動作**

個人PCの更新・デュアルモニター化を行った。また、各会議室に、Web会議のためのデバイスを、利用ガイドラインと共に設置。

石田社長からひと言！

ハード面を整備し、デジタル化に抵抗のある人も「使ってみたら便利！」と思えるように。

イシダテックのDX推進は、代表取締役である石田尚さんが、先代の父親から事業を引き継いだときから本格的に始まりました。

—代表取締役になったらDX推進をしようと思っていたのですか？

石田　前職からイシダテックに入社した当初も、簡単なITツールの活用を行っていました。初期の取り組み時は「推進するぞ！」という感覚ではなく、ただ「身の回りの業務をラクにしたい」一心。父の跡を継ぎ、代表に就任した後に、中田（P112）が中途入社したことが大きかったです。

—どんなことが起きたのですか？

石田　中田は「ITを活用していないからムダが多い」とことあるごとに言ってくれて。DXを進めたかったけれど、中高年層に配慮

② デジタライゼーション

全社の情報を一括管理。データ活用の基盤を整えた

情報を蓄積し、誰でもアクセスできるように。
今までのノウハウを万全に活用できる仕組みを整えた。

導入システム1

グループウェア

共通の保管場所がなく、情報が属人化。探すのに手間がかかっていた。共有時はファイルをコピーしたUSBメモリーを手渡し。

↓

情報共有の利便性が向上
共同編集・バージョン管理もラクに

導入システム2

勤怠管理システム

手書きの作業日報をデータ化する手間が発生。また、休暇申請に時間がかかったり、残りの休暇日数の把握がしづらかったりした。

↓

入力の手間ゼロ。働き方が
データ化され、改善箇所が見える化

導入システム3

プロジェクト管理システム

グループウェアの共有スプレッドシートでは、一つひとつの案件の詳細な情報管理・検索、部署横断の管理に限界があった。

↓

案件ごとの管理が容易に
知見のデータベースを構築

石田社長からひと言！

チャットでのQ＆A受け付けなど、フォロー体制を万全にし、定着化を図りました。

していた私や、非効率を指摘しづらかった他の若手が声をあげやすくなったんです。社内ツール検討会議（P112）が結成されました。

―現場からネガティブな反応は？

石田　Excel《エクセル》がGoogle《グーグル》eスプレッドシートに、ファイルの格納先が家庭用NAS《ナス》からGoogle Drive《グーグルドライブ》に変わるなどの小さな変更に関しては、反応は悪くなかったです。

しかし、Redmine《レッドマイン》（プロジェクト管理システム）の導入では、業務フローが大幅に変わる不安から、結構反発がありました。

―どうやって現場に定着させましたか？

石田　プロジェクト管理システムの導入に関しては、実は一度、違うツールを導入しようとして失敗

③ デジタルトランスフォーメーション

顧客対応に好影響！　「秘密兵器」製作を支える新技術導入

オーダーメイド機械の構想を、
よりイメージしやすく顧客へ伝えられるように。

3DCAD 導入

CAD とは、設計図の作図に用いられるソフト。３DCAD では立体的なモデル作製が可能に。２DCAD の図面より見やすく、伝わりやすい。

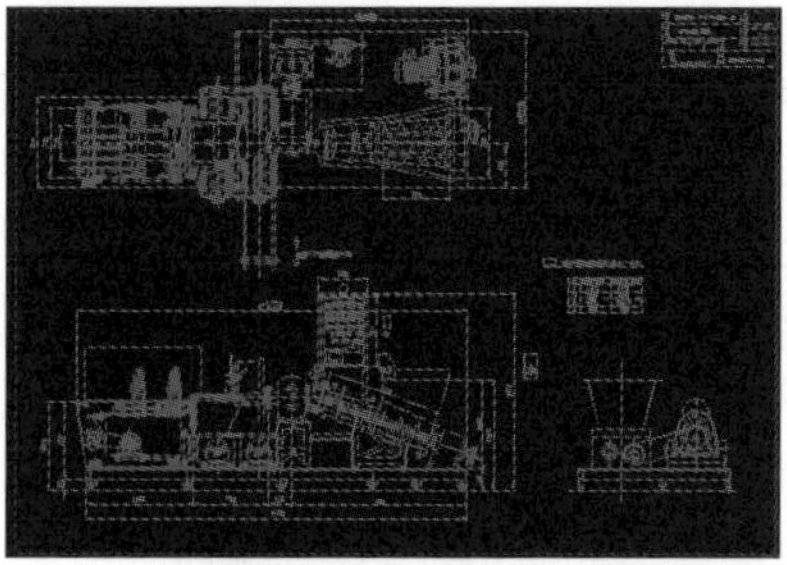

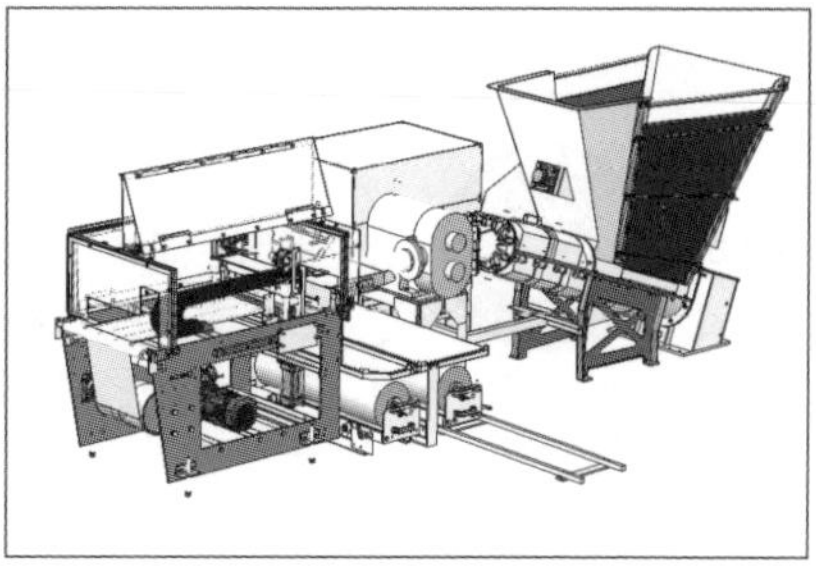

- ２DCAD 図面だと、構造を理解するまでに時間がかかる
- 顧客への構想提案時の説明が難しい

- 顧客への具体性や再現性が高い提案が可能
- 機械の構造確認作業に割く時間が減った
- HP 掲載で問い合わせ増加

しています。その時の反省を活かし、チャットでＱ＆Ａを受け付ける、少人数で説明会を行うなど、サポート体制を万全にしました。

―製造業の技術に関わるＤＸのお話も伺えますか？

石田　まずは３ＤＣＡＤという、立体モデルを作製できる技術を導入しました。これにより、お客様へモデル提示をする際、具体的なイメージを想像してもらいやすくなりました。

―現在、ＡＩ開発なども筑波大学と共同で行われていますよね。

石田　本来ＡＩが不良品を判別するには、学習データが必要となります。私たちは〝自ら不良品を判断できるＡＩ〟を開発しています。これにより、お客様がＡＩに学習させる手間（＝導入までの期間）が

推進メンバーにインタビュー

これまでDX推進に携わった感想を聞かせてください

「面倒くさいこと」の改善を行ってきた社内ツール検討会議の皆様に、
お話を伺いました。

中田さん

主にソフトウェア開発を担当。2020年中途入社。

省人化機械を作る会社なのに、社内業務では省人化できていなかった弊社。ツール導入により、**情報にすぐアクセスできる**ように。ムダが当たり前になっていた弊社には大きな変革でした。

渡邊さん

主にハードウェア設計を担当。2017年入社。

推進と同時に貧弱だった**ITインフラを整備したことで、利便性が向上し、ツールをフル活用できるように**。入社当時に比べスケジュール調整で省力化できたことが、大きな変化ですね。

金澤さん

主にバックオフィス業務を担当。2022年中途入社。

経営者が主体的にDXに取り組んでいるので推進しやすい環境。ツールが増えすぎる課題に対しては、部分最適ではなく全体最適の視点を持って取り組めるかが重要だと感じています。

小山さん

主にPR・HR（人材に関する業務）を担当。2020年中途入社。

DXで業務が効率化され、**創造的な活動に注力できるように**なりつつあります。「機械で済むことは機械で、伝統の味を大切に」というモットーを実現するため、取り組みを継続したいです。

省け、導入や運用のハードルが下がります。

—より導入が促進される？

石田　はい。また、これまで「いつもと何か違うかも」と主観的・作為的に定めていた不良品を客観的に判断できるようになります。弊社がオーダーメイドの省人化機械を製造するうえで行ってきた「言葉にならない思いや課題を表現して解決する」ということに深みを出すことにつながります。

—経営目標とリンクしていますね。

石田　今の時代は中小企業にとって大きなチャンス。小規模でも、ＩＴの技術で全世界に弊社の技術や独自性を発信できます。

既に弊社が確立している製品やサービスに、ＩＴ技術をかけ合わせられたら、さらに新たな価値を生み出せると思います。

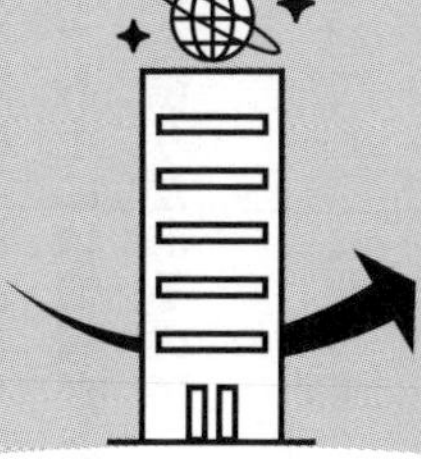

PART

5

外部の知見・助成金などを活用

コンサル、ベンダー……

プロの力を借りてプロジェクトを成功に導く

外部の力を借りて正しい選択をし、時間・お金をムダにしない

ＤＸを始めるにあたって、まずどこに相談すれば良いのでしょうか。ネット上には情報があふれていますが、依頼先が分かりません。予算にも限りがあるので、あまりお金はかけられないのですが。

低価格で相談に乗ってくれる窓口は、身近にたくさんあります。例えば、各地域の商工会議所。通常、弁護士、税理士、社労士、**中小企業診断士**などの専門家が経営相談を受け付けていますが、ＤＸに関する悩みや相談の場合には**ＩＴコーディネータ**などのＩＴ専門家につないでくれることもあります。また、民間の金融機関の中にはＩＴ専門家と連携してデジタル技術の導入支援を行っている所も。他にも、国が全国に設置している無料の経営相談所「よろず支援拠点」を運営する中小企業基盤整備機構の窓口に、まず相談に行ってみるのも良いでしょう。

●中小企業診断士
中小企業の経営課題を診断し、成長戦略の助言をする専門家。行政・金融機関との橋渡しや支援制度・補助金などの活用支援も行う。

●ＩＴコーディネータ
ＩＴと経営、両方の知識を持ち、経営のＩＴ化を支援する専門家。企業の経営戦略に沿い、ＩＴ化が必要な部分を見極め、経営者目線でＩＴの利活用を支援・アフターフォローを行う。

●ＩＴベンダー企業
デジタルツール・サービスを販売・提供する企業。ＩＴ機器・ソフトウェアを販売する企業から、システム開発を請け負う企業まで、幅広く指す。

中小企業の場合、コンサルと契約するのは費用が高く現実的ではありません。単発で相談が受けられるスポットコンサルのようなサービスを利用しても良いでしょう。

積極的に情報を集めて自分に合った所を見つけてください。

IT用語は耳慣れないものばかりでよく分かりません。IT業界の方と直接やりとりをして、理解できるかどうか心配です。あらかじめ勉強しておく必要がありますか？

ユーザー企業の側には専門的なIT知識は必要ありません。**ユーザー企業**の役割は、**ITベンダー企業**に自社の要求を的確に伝えることです。経営課題や業務課題などデジタル技術を使って解決したい課題を整理しておくことが大切です。

ただしDXの話をするときは最低限のIT知識が必要です。もちろんベンダーはできるだけ分かりやすい言葉で話しますが、限界もあります。基本的な言葉はインプットしておいてください。

DXを理解する気が全く見られず、ベンダーに丸投げしておしまい、といった態度で打ち合わせに臨んでは、ベンダー側も熱心に取り組む気持ちにはなれないでしょう。ユーザー企業が解決したい課題をベンダー企業に明確に伝え、協力して推進してください。

● **ユーザー企業**

ベンダー企業が販売・提供するツールやサービスを、使う立場の企業。

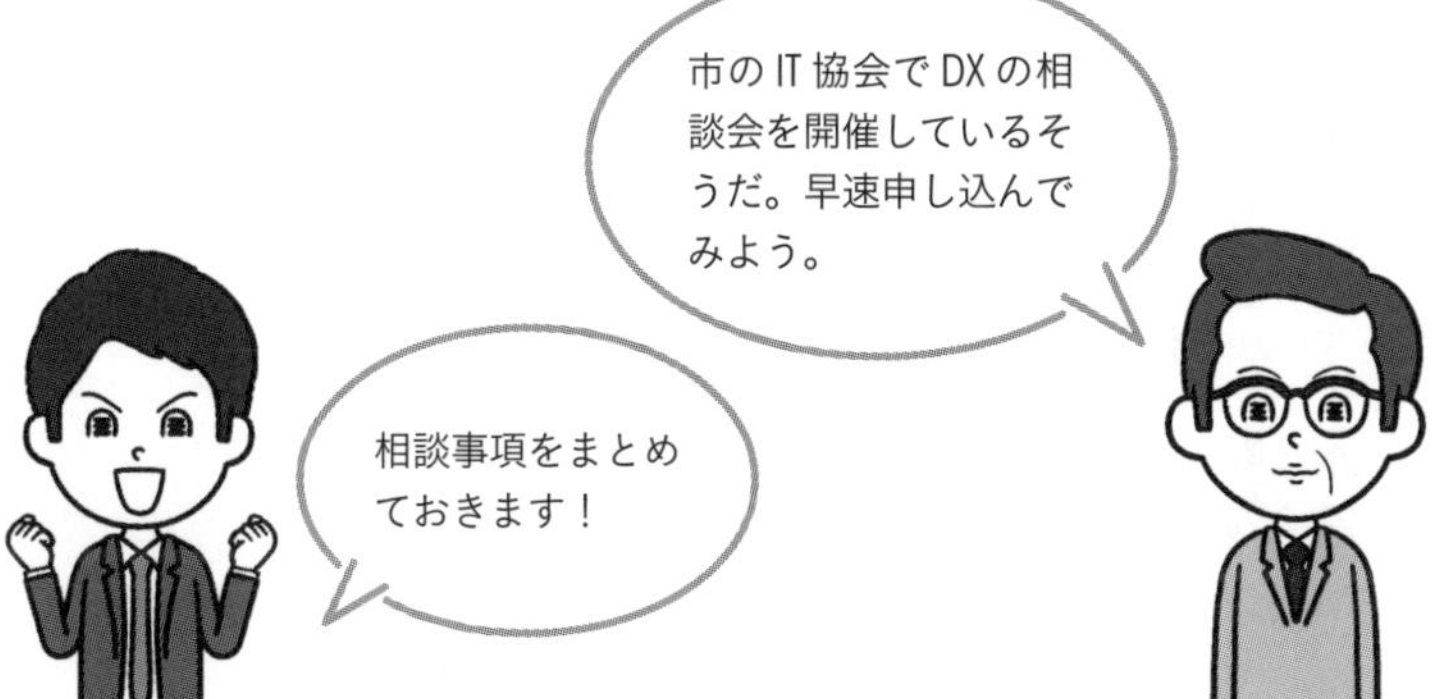
市の IT 協会で DX の相談会を開催しているそうだ。早速申し込んでみよう。
相談事項をまとめておきます！

公益団体からIT業界まで、コンサル会社以外にも相談先は色々

身近にいる専門家を探す

DXのニーズと共に相談場所は増えている。
上手く活用すれば効率良く解決策にたどり着ける。

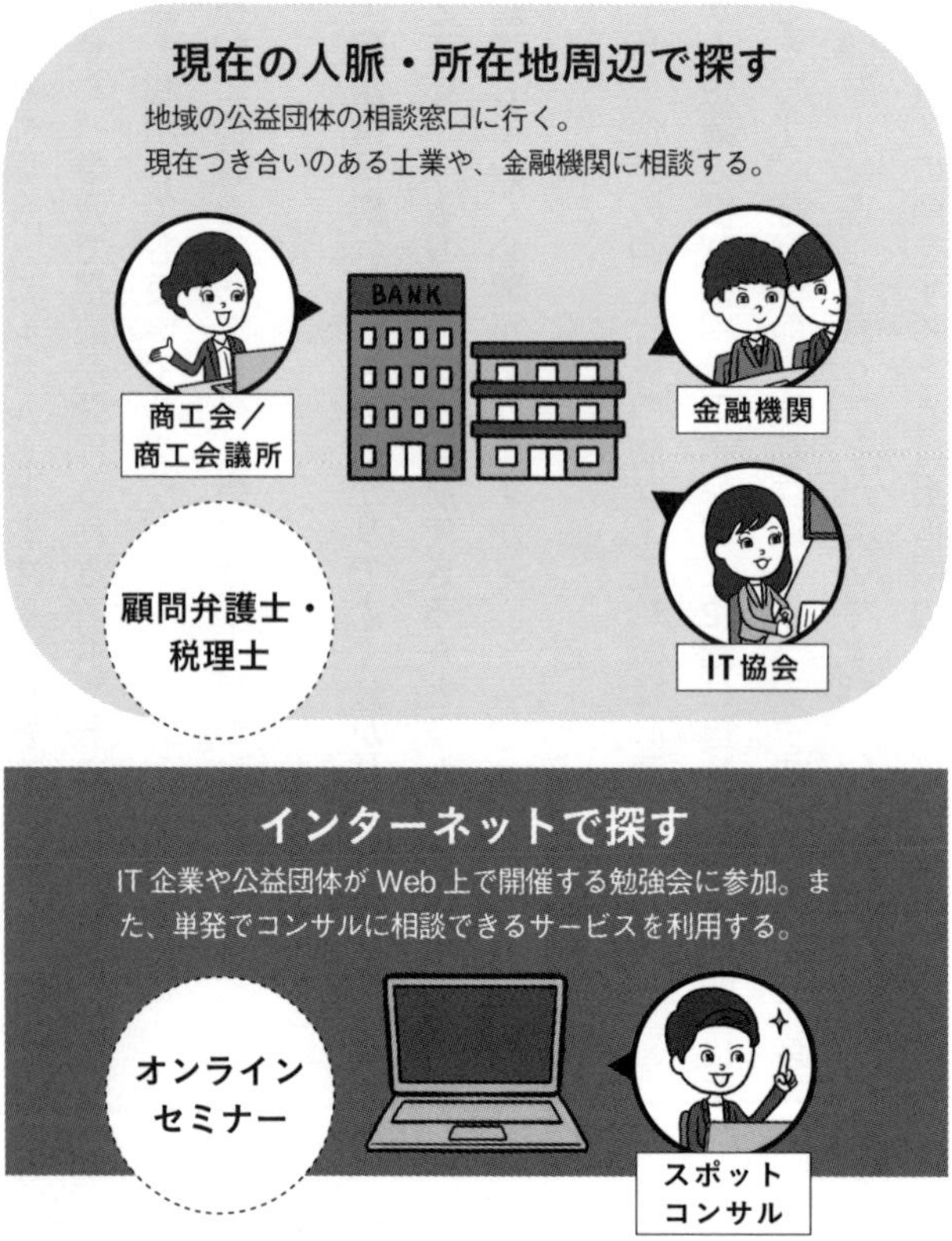
現在の人脈・所在地周辺で探す
地域の公益団体の相談窓口に行く。
現在つき合いのある士業や、金融機関に相談する。
商工会／商工会議所
BANK
金融機関
顧問弁護士・税理士
IT協会
インターネットで探す
IT企業や公益団体がWeb上で開催する勉強会に参加。また、単発でコンサルに相談できるサービスを利用する。
オンラインセミナー
スポットコンサル

上に示すように、DXの知見を持つ専門家や組織、機関は身近にたくさんあります。「人がいない」「予算が足りない」と悩む前に、助けてくれる人を探しましょう。「こういうことがやりたい」「こういう問題を解決したい」と明確な課題を発信すれば、支援してくれる人は必ず見つかります。

課題解決のフェーズ（段階）は3つに分かれており（P121）、フェーズごとに相談先は異なります。自分の会社のフェーズにもっとも適した相談先を選択してください。

IT業界で探す
IT企業の営業から情報を得る。契約したツールのサポートスタッフを頼る。
同業者を頼る
業界団体の分科会で経営者の話を聞く。DXを推進している他社の知り合いに話を聞く。
成功事例のある他社
業界団体
ベンダーの営業担当
DXの勉強会・イベント
ソフトウェア開発業者
ユーザーサポート担当
開発ツールのスタッフ

課題のフェーズごとに相談先は変わる

① 課題発見フェーズ

第三者の視点からアドバイスを得ることで、自社の課題に気づき、分析することができる。

▶ P122,123

② 課題解決策選定フェーズ

フェーズ1で発見した課題に最適な解決策は何か、情報を収集し、比較して決定する。

▶ P124,125

③ 課題解決フェーズ

フェーズ2で選んだ解決方法を実行し、改善を繰り返しながら課題を解決する。

▶ P126,127

ベンダーのマーケティングに踊らされない。第三者目線で自社の課題を指摘・整理

自社の現状に合った相談先へ

課題発見のための相談先はたくさんある。
各相談先の得意分野を理解したうえで活用を。

単発でコンサルティングを受けられる
スポットコンサル

相談料をその都度払い、現役のコンサルタントに相談に乗ってもらえる。相談料の相場は、１時間あたり１～３万円程度。

中立的なデジタル活用アドバイスを入手
地域のIT協会

ITコーディネータへの相談会、企業同士の交流会、IT経営の研修などに参加。特定のITベンダーに偏らない意見を得られる。

課題が明確でなく、何をしたらいいのか分からないときは身近な第三者に相談しましょう。

スポットコンサルや地域のＩＴ協会、商工会議所などＤＸ推進の相談に応じてくれる窓口はたくさんあります。

この段階での目的は、あくまで課題を明らかにすることです。漠然と話を聞いたり、早急にツールを導入したりせず、「自社の解決すべき課題は何か」という問いを念頭に情報を収集しましょう。

また、ネット検索で上位に登場

財務面から中長期的なサポート
金融機関

今までの経営状況を分析したうえでの意見を聞く。資金相談もセットで行える。

DX推進の最初の窓口となる
商工会／商工会議所

中小企業の経営相談全般に携わる。金融機関や、専門家を紹介してくれる場合もある。

リアルな失敗談・費用感を知るには
DX成功事例のある他社

メディア公開されている成功事例を参照したり、成功企業に話を聞く機会を持ったりする。

同業の経営者の意見が聞ける
各業界団体

総会や分科会に参加し、同業者の事情を知る。同じ経営者の立場ならではの意見を活用する。

するITベンダーだけを見て連絡するのも避けましょう。上位表示はマーケティング費用（広告費）をかけているためです。そのぶんコストは高くなる傾向があります。

また、最初からITベンダー任せもNG。よく考慮せず「手っ取り早くITツールで解決しよう」とすると、自社に合わない契約をしてしまう危険があります。

公益団体の相談員は、現役を退いた年配者が多いものです。DXの相談だと事前に告げ、デジタル知識を持つ現役世代がいるか確認しましょう。

最初から1つの解決策に決め込まない。情報収集し、比較してから決定する

情報収集先を見つけ、解決策を増やす

まずはセミナーや勉強会に参加。解決策がある程度しぼられたら、ツールの営業担当者と連絡を取る。

セミナーやイベント、勉強会に参加

公益団体やITベンダーが主催する勉強会などに参加し、課題解決に有効なデジタルツールのジャンルをしぼる。

DXのイベント
ITベンダーが集まるデジタルツールの展示会に参加。さまざまなツールを知り、比較する。

経営者向けのDX勉強会
推進前に、DXの意味、必要性、経営者の役割など、DXの基礎知識を押さえ、理解を深めておく。

地域のIT協会の研究会
IT経営のためのデジタル活用方法や、セキュリティ意識・IT活用スキル向上の研修に参加し、解決策を探す。

ある程度課題が明らかになり「うちにはこんな解決策が必要かな」というビジョンが見えてきたら、DXの勉強会やイベントに参加して情報を集めましょう。

ポイントは、初めから解決策をしぼらないことです。自社の課題を軸にできるだけ多くの情報を収集して整理し、比較してください。なかには無料セミナーと称した売り込みも多いので要注意です。

候補となるツールがいくつかにしぼれたら、それぞれのツールの営業担当者に話を聞きます。

気になるツールの説明を受ける

デジタルツールのジャンルをしぼったら、目ぼしいツールを比較するため、営業担当に声をかけて情報収集をする。

説明会
随時開催されているツールの説明会に参加。対面だけでなく、オンラインでも同時開催するケースが多い。

見積もりシミュレーション
2～3社にしぼり、想定している使用人数、仕様変更や追加機能をふまえた見積もりを取り、比較検討する。

個別営業
ツールの営業担当に訪問してもらい詳細を聞く。オンラインでの相談対応可の企業も。

無料トライアル
無料トライアル期間を利用し業務になじむかを確認。一部の社員で使用感を試す方法も。

規模感の似ている他社に導入ツールを聞く

自社と似た課題を解決している同規模の会社を紹介してもらい、導入したツールについての感想を聞く。

> **Column**
>
> ### DXを通じて新しいコミュニティが広がる
>
> DXの勉強会やイベントに参加するメリットは、他の参加者と新たな交流が生まれることです。
>
> なかでもSaaS《サース》（P83）を契約した場合、利用者に「コミュニティタッチ」という交流サイトが提供されることがあります。コミュニティタッチとは、利用者同士が意見や質問を交換できるプラットフォーム。分からないことがあっても、「こうすれば大丈夫」と他の利用者に教えてもらえるので、1つのチームに属しているような安心感が得られます。

ツールの詳しい情報を得るだけでなく、同業者の導入事例についても質問してみましょう。自社の課題解決のヒントになるはずです。

一般的な業務内容なら既製品／サービスを活用。特殊な業務は独自で開発を行う

　最初に解決する課題と解決策の候補が見えてきたら、課題解決フェーズ（段階）に進みます。ここでは、解決策の例として、次の3つの手法を紹介します。

①業務ソフトウェアを導入する
②PCやネットワークなど社内のIT基盤を整備する
③取引のオンライン化などの新しいビジネス手法を導入する

　課題解決の手法は、進めながら見直していくものです。一度解決策を決めた後でも、自社の状況や、課題解決フェーズになって得られ

① 業務ソフトウェアを導入したい！

パッケージソフトで対応可能か調査する

パッケージソフトやSaaS《サース》（P83）で対応できる場合は、提供しているベンダーと共に導入を進める。できない場合は、一から開発を委託する。

SaaSやパッケージの業務ソフトウェア
ユーザーサポート担当が導入～定着までサポート

Case

- ✔ 汎用的な業務システムで対応可能

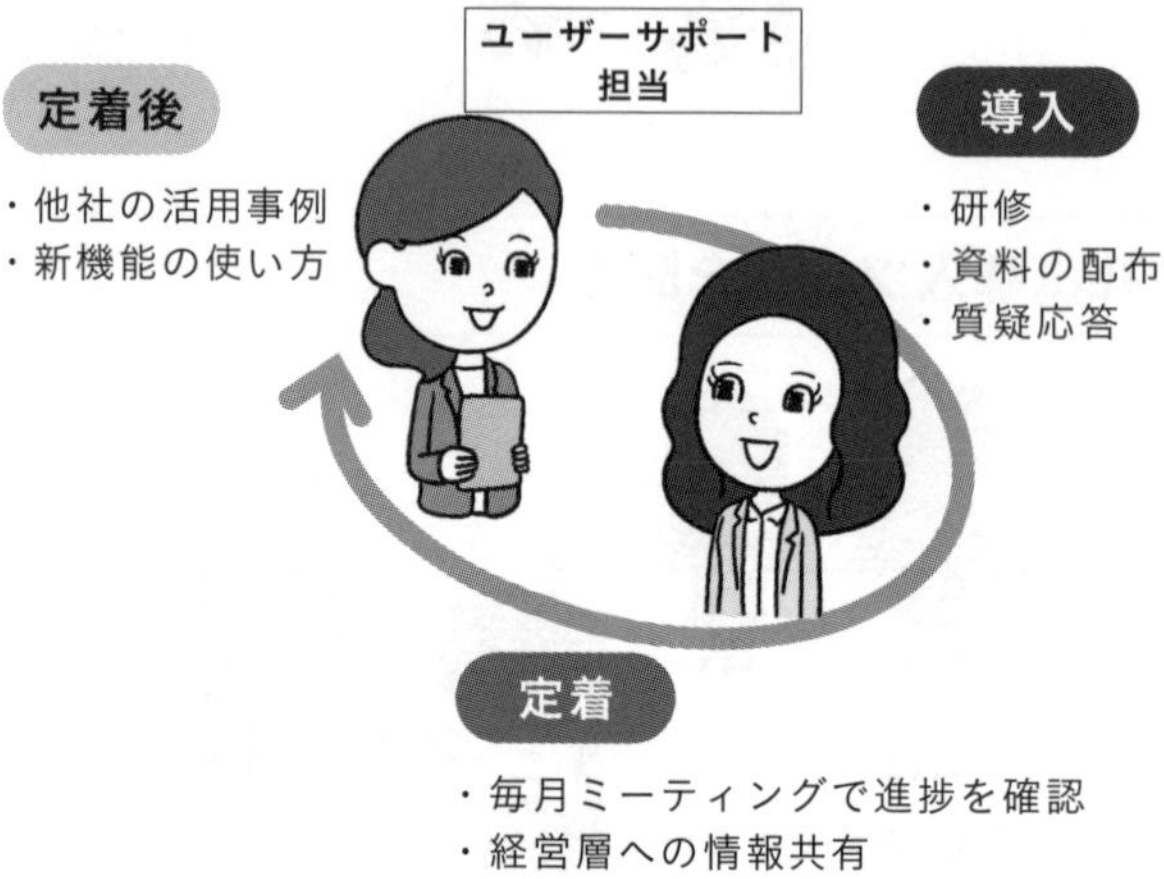
ユーザーサポート担当
定着後
・他社の活用事例
・新機能の使い方
導入
・研修
・資料の配布
・質疑応答
定着
・毎月ミーティングで進捗を確認
・経営層への情報共有

独自開発
ソフトウェア開発業者に委託し、システムを開発してもらう

パッケージ化されている業務ソフトウェアで対応できない場合は、ソフトウェア開発業者に委託し、一から開発を行う。システムインテグレータが、要望を聞き、システムを組み上げる。

Case

- ✔ 業務プロセスが複雑で、パッケージ製品では対応できない
- ✔ 独自の価値を作るための業務プロセスを構築したい

委託開発は多額の費用がかかるため、中小企業の最初の取り組みとしてはおすすめできません。
システムインテグレータ

自社で簡易な開発を行うことも

ノーコード／ローコード開発ツール（P85）のスタッフと一緒に、自社で簡易な開発を行う。構築作業だけでなく、導入や運用保守もサポートしてくれる企業が多い。

Case

- ✔ パッケージソフトを導入したいが、一部の機能が不足している
- ✔ 業務システムの導入までは不要な、範囲の狭い特定の作業をシステム化したい

開発ツールのスタッフ
導入セミナー
構成・構築作業のサポート
運用サポート
問い合わせ窓口
コミュニティタッチ(P125)

る追加情報などに応じ、適切に方向転換していくことが重要です。

5つのステップでベンダーを選定する

選定手順を踏めば踏むほど、
失敗するリスクが低くなる。

STEP 1

課題解決策となるツールを選定

自社の課題は何か、それを解決するにはどのジャンルの製品が良いか。身の回りの相談先や知り合いの会社に聞いたり、DXのイベントや勉強会に参加したりする。

製品の選び方　▶P122～125

STEP 2

製品をリストアップ、ベンダーを調査

製品のジャンルがしぼられたら、自社に合いそうなものを10製品程度リストアップ。Webサイトを見る、知り合いに聞く、セミナーや展示会に行くなどして情報を集め、厳選していく。

〈10製品の選定方法〉

・比較サイトや口コミをチェック

ex. **BOXIL** URL https://boxil.jp/
ITトレンド URL https://it-trend.jp　など

・導入企業の口コミ情報を見る　★高評価と低評価の内容どちらも確認

・課題発見／課題解決策選定フェーズ（P122～125）の相談相手に聞く

業務ソフトウェアやソフトウェア開発業者の選定は上に示したようなステップで進めます。

特に大切なのは、時間をかけてじっくり選ぶこと。PCなど目に見える設備に比べ、ソフトウェアは形がないので広告やマーケティングの内容に左右されがちです。

面倒だからと最初の一社に決めるのは絶対に避けてください。うっかりすると自社に合わない製品を選んでしまうおそれもあります。

いくつもの製品を見たりベンダー（P118）の話を聞いたりするには労力も時間もかかります。けれども、システムは会社にとって大きな投資。高い効果を得るためには情報収集と分析が必要です。十分な時間を用意して選定に臨んでください。

STEP 3

5製品

条件に従い、製品をしぼる

製品を、項目ごとに点数で評価。合計点を算出し、比較する。特に重視したい項目は、点数に比重を置く。

ツールの選び方 ▶P94～95

STEP 4

2~3製品

ベンダーに接触を図る

STEP 3でしぼった製品のベンダーと実際に連絡を取り、詳しく話を聞く。人柄や態度、話したときの感触、やる気なども選定の評価項目に含め、さらに2～3製品にしぼる。

STEP 5

2~3製品

ベンダーと個別打ち合わせ・評価

自社の業務に合わせて仕様変更・機能追加などした場合も考慮し、ベンダーに見積もりを出してもらう。出てきた提案書や見積もり書を見て、一番良いベンダーを決定する。

導入規模が大きい、また仕様変更・機能追加が複雑であるほど、ベンダーとの打ち合わせに時間がかかります。

主なチェック項目	点数
☑ 担当者は製品導入の目的を理解している？	1・3・5
☑ 提案されたパッケージや仕様変更は、要求に合っている？	1・3・5
☑ 導入までのスケジュールはお互いにムリがない？	1・3・5
☑ 見積もりは妥当？　また、見積もり対象の作業・成果物などは明記されている？	1・3・5
☑ 担当者の人柄は？	1・3・5
	合計　　点

チェック項目は、自社の業務やシステム化の想定範囲など状況に応じ、詳細に設計する必要があります。

発注ベンダー決定・導入へ

ソフトウェア開発業者を選ぶときは、類似の開発実績があるかどうかを主な基準としましょう。

② IT 基盤の整備をしたい！

地域の IT 企業が整備・運用代行を請け負う

**困ったときにすぐ現地サポートが受けられるよう、
会社の近くの IT 企業を選ぶ。**

導入製品の初期設定
新しく買い替えたハード機器類の初期設定、新アカウント作成などを代行。

ハード製品のメーカーを紹介
新しいハード機器を購入する際、既存の IT 基盤と相性の良い製品・サービスを紹介。

地域の IT 企業
ハード機器やネット環境、基本のソフトウェアなどの整備・運用を行う。

クラウドサーバへの移行
移行作業、移行後の運用保守、不要になったハード機器買い取りまで一貫してサポート。

ライセンス管理
アカウント数、使用権限が見えづらく煩雑なSaaS《サース》（P83）のライセンスを一元管理。

ソフトウェア導入時の調整
新しくソフトウェアを入れる際、既存のソフトウェアとの間に起こる不具合を調整する。

　ＩＴ基盤の整備をしたい場合には地域のＩＴ企業や大手ＩＴ機器企業の地元支店を頼りましょう。既にＩＴ機器の購入やリースなどを委託している所があれば、そこに相談してください。現地でサポートが受けられる地元企業がお勧めです。企業の細かな環境整備に関しては、トラブルがあったときなどにすぐ駆けつけてくれる地元の企業が適しています。

　しかし、地元企業や支店は自社で扱う商材以外には詳しくないため、新しいデジタルツールやビジネスの相談がしたい場合は、「攻めのＤＸ」に強い企業に相談しましょう。中でも手が付けやすいのは、自社のオンラインショップやスマホアプリの立ち上げでしょう。最低限の機能を満たす簡単なも

③ 顧客に向けた攻めのDXを実現したい！

オンライン販売を始めるなら各サービスの専門家に頼る

Webデザイン、ソフトウェア開発各社にディレクション・制作を依頼。安価に抑えたいなら、自社で開発する。

オンラインでも商品を買えるようにしたい	モバイルオーダー・電子クーポンなどの新サービスを始めたい
オンラインショップ設立	**スマホアプリ開発**
Webデザイン会社に委託 企業のコンセプトに沿うデザインを制作会社が提案。サイトの制作、運用まで行う。集客の最大化まで提案するオンラインショップ専門の制作会社も。	**ソフトウェア開発会社へ委託** 開発実績を調査し、スマホアプリ開発経験があるベンダーに委託。アプリの企画・立案、開発、運用までを一貫して請け負う。
安価に抑えたいなら **オンラインショップ作成ツールを使用** 自社でオンラインショップを構築できるツール／サービスを利用。	安価に抑えたいなら **アプリ開発ツールを使用** 簡単なものなら、アプリ開発ツールを使って自社開発が可能。

デザインは、紙媒体ではなくWebデザイン経験者を探して頼みましょう。

のなら、オンラインショップ作成ツールやアプリ開発ツールでのスタートが可能です。少し高いクオリティを目指すならプロに依頼してください。

Column

複雑・曖昧なITベンダー業界

通常ベンダーと言えば販売業者のことですが、IT業界ではハードウェアベンダー、ソフトウェアベンダーのほか、システム開発を行う企業などもベンダーと呼ばれます。商品の販売に加え運用サポートを行う所も多く、自社で対応できない業務は外部委託することもあります。このようにIT企業は分類が曖昧なので、業者を選ぶ際には「○○ベンダー」などの名称の分類にこだわらず「この会社は何ができるか」を確認したうえでニーズに適した企業を探しましょう。

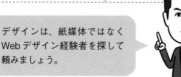

ベンダーに丸投げはNG。自社の要求を正確に伝える

ＩＴ業界とあまり縁がない業種の企業の場合、ＩＴベンダーとどうつき合ったら良いのか戸惑うことも多いでしょう。何より大切なのは互いの役割を明確にしてコミュニケーションをとることです。

ベンダーの役割は、ユーザーの問題を解決するためにシステムを形にすること。ユーザーの役割は、自社に適したシステム導入のため的確に要望を伝えることです。

社内で経営陣や社員を説得してきたのと同じように、課題を明確にして共有するよう努めましょう。

プロジェクト内でのお互いの役割を意識する

ユーザーは自社の課題と要求を正確に伝える。
ベンダーはユーザーの課題を解決するツールを形にする。

ユーザー企業の役割

・最低限のデジタル知識を持ち、ベンダーの仕事を理解
・自社の課題・要求をベンダーに正確に説明
・プロジェクトに関わる追加情報は適時公開する

☑ 解決したい課題に基づいて話し合う

ツールを導入・開発することが目的になってしまい、本来の目的が果たせなかったという事例は多い。自社の課題が解決されたかを常に意識して進める。

全体像を共有しながら進める

ユーザーとベンダーの役割の振り分けを事前に確認・共有しておく。プロジェクト進行中は、お互いの作業の進捗状況をオープンに。細かく報告を行う。

ベンダー企業の役割
・ユーザー企業の課題・要求を理解し、具体的に定義
・技術的に実現可能かの調整
・ユーザー企業の要求を形にする

必ず議事録をとる

異業種同士の話し合いで、互いに慣れない用語が飛び交う中、理解不十分なまま話が進むことも。トラブル回避のためにも打ち合わせの後に議事録を見直す。

ユーザー側が説明しない限り、ベンダーには各々の企業の課題や要望が分かりません。DX推進リーダーは必要な情報を整理してベンダーに伝えたり、体制を整備したりして積極的に協力してください。ここで手を抜くと、後でみんなが泣くことになります。

ベンダーと推進リーダーのスムーズな連携には社内の環境整備が必須です。推進リーダーが忙しすぎて、打ち合わせの時間が取れなかったりすると、ベンダーも指針を見失ってしまいます。

経営者は推進リーダーがベンダーとの打ち合わせに時間を割けるように、社内のサポート体制を整えてください。

対応をチェック。不審点があれば長期的コストを算出し、判断を

契約前にチェックしたい要注意ポイント

契約前に気がつくのは難しいが、小さな違和感を大事に。信頼できるベンダーか見極める。

Check 1 当たり前のことを確実に行える？

時間・約束を守ったり、打ち合わせの内容を記録したり、当たり前のことができないベンダーは要注意。トラブルが生じたとき、責任ある対応をしない可能性が高い。

NG対応
- 「後で資料を送ります」と言って送らない
- 議事録をとらない

OK対応
- 約束を守れない際は、事前に連絡がある
- 打ち合わせの内容が、次回反映されている

Check 2 トラブル発生時の対応は？

打ち合わせ期間や導入準備期間中に何か問題が発生した際、すぐに丁寧なサポートをして現状回復できるかどうかチェック。プロジェクト中も同様のトラブル対応が想像できる。

NG対応
- 対応しない、または先延ばしにする
- メールのみで対応

OK対応
- すぐに対応
- 現地まで来てくれる

ベンダーと契約後に「こんなはずじゃなかった」とトラブルになるケースもあります。

事前に気づいて契約しないのが一番ですが、契約後でも不審に思ったらすぐに対応し、改善の可能性がないなら契約を解除します。

もっとも多いのがいつまでもベンダーとの信頼関係が築けないケースです。「やります」などと口約束をしただけで、いつまでも作業が進まなかったり、契約前の話はセールストークで、実作業になると話が二転三転したり……。こ

Check 3 営業担当に開発担当が同行する？

営業担当者と開発担当者の両者がユーザーとコミュニケーションを取りながらプロジェクトを進めるのが理想。営業担当のみが対応していると、非現実的な納期で契約してしまうなどのトラブルも。後でプロジェクトが立ち行かなくなる危険がある。

NG対応

・開発の話の際も、営業担当しか来ない
・新人のみで営業させている

OK対応

・開発の話の際は、開発担当も同行する
・重要な打ち合わせには役職者が同席する

Check 4 リスクには慎重？

契約を取るためになんでも安請け合いするのではなく、リスクに対して慎重かどうかも重要。良質なベンダーなら、デメリットやリスクも正直に伝えてくれる。事前にトラブルを回避でき、安心してプロジェクトを進められる。

NG対応

・なんでも「できます！」と安請け合い
・リスクが高くてもあまり気にしない
・話が進んでから「できない」と言ってくる

OK対応

・事前にできないことをはっきり伝える
・少しでもリスクがあることには慎重

れでは長期スパンで共にＤＸに取り組むことなどできないでしょう。
　とはいえ一度スタートしてしまうと、関係を断つ判断を下すのは難しいものです。例えば５年などのスパンで費用対効果を計算し、数値的に判断するのも一つのやり方です。

Column

システム導入直前がDX最大の山場！

　IT ベンダーが決まると推進リーダーは肩の荷が下りたような気分になるかもしれません。けれどもベンダーとの交渉は特に重要で大変な仕事です。気を抜かずに最大の山場をしっかり乗り越えてください。ここを押さえ、以降の推進をスムーズに進めましょう。

DX推進の強い味方
補助金・助成金を活用しよう

《《《 2つの違いを理解したうえで、申請先を決める 》》》

補助金のほうが交付額は大きく、採択率が低い。補助金は事業復興や新事業立ち上げ、助成金は労働環境の整備に使用できるものが多い。

	補助金	助成金
	難易度 高 審査に通れば大きな資金が	難易度 低 確実に資金がもらえる
主体となる交付機関	経済産業省、地方自治体	厚生労働省、地方自治体
交付の目的	国・地方の経済活性化	労働者の雇用安定、技術発展
交付金額	数百万〜数千万円以上	数十万円
募集期間	2週間〜1か月程度。準備期間が短い。	数か月、または通年。比較的準備に余裕がある。
受給のハードル	支給要件を満たし、かつ審査がある。	支給要件を満たしていれば、基本支給される。

国や各自治体ではDX推進を支援するための補助金や助成金を設けています。自治体の担当部署の窓口やインターネットなどで調べて申請してください。

補助金も助成金も申請から受給までの流れは基本的に同じです。

①申請書、計画書を提出。審査を受ける

②事業を実施する

③報告書などを提出して支給を申請する

助成金は通年で実施されているものが多く、随時申請できます。支給要件を満たしていればほぼ受給することが可能です。

補助金は助成金に比べ倍率が高く、審査基準をパスする必要があります。募集期間が短いので、こまめに情報収集してください。

DX 推進に役立つ国の補助金・助成金一覧

補助金

IT 導入補助金	URL https://mirasapo-plus.go.jp/subsidy/ithojo/（ミラサポ plus） ソフトウェア、ハードウェア購入費、クラウド利用料など、中小企業・小規模事業者がデジタルツールを導入する際の経費の一部を補助。
ものづくり補助金	URL https://portal.monodukuri-hojo.jp/ 中小企業・小規模事業者などが、新たなサービス開発・試作品開発・生産プロセスの改善を行い、生産性を向上させられるよう、設備投資などを補助。
小規模事業者持続化補助金	URL https://r3.jizokukahojokin.info/ 地道な販路拡大、またそれとあわせて行う業務効率化や生産性向上のため、設備費、広報費、開発費など必要な経費の一部を補助。

助成金

サイバーセキュリティ対策促進助成金	URL https://www.metro.tokyo.lg.jp/tosei/hodohappyo/press/2022/04/27/05.html（東京都 HP） IPA が実施する SECURITY ACTION の二つ星を宣言する都内中小企業が、セキュリティ対策を実施するための機器やサービス利用の経費を支援。
キャリアアップ助成金	URL https://www.mhlw.go.jp/stf/seisakunitsuite/bunya/koyou_roudou/part_haken/jigyounushi/career.html（厚生労働省 HP） 非正規雇用労働者の正社員化、処遇改善に取り組んだ事業主に対し助成。契約社員を正社員化し、DX 推進に係る業務に従事させるケースも対象となる。

各地方自治体の補助金・助成金	近年の DX 推進加速により、助成金の幅が広がっている。自社のやりたいことに使える助成金がないか、市町村や県の DX 担当窓口に問い合わせる。

ただし補助金や助成金はあくまで導入費用などへの補助です。運用コストは自社で支払っていかなくてはなりません。2年後、3年後まで見すえ、申請しましょう。

また、応募期限に間に合わせようとツールの選定を急いだために、自社に合わないものを導入してしまうこともあります。応募を考えている企業は日頃から入念な準備を整えておいてください。

助成金の情報は常に更新され続けます。2か月に1回など、こまめに情報をチェックしてください。

継続的なDXで、業務面・企業文化に好循環。
成長を続ける強い企業に

\\ 業務はどう変わった？ //

業務が減り、浮いた費用・人員・時間で
新しい取り組みにチャレンジ

社内業務の効率化、社員のモチベーションアップ、
顧客への提供価値の向上……とさまざまな DX 効果を発揮。

業務の DXサイクル

社内業務の効率化

Before 長時間労働が恒常化。離職率も高かった

↓

After 残業時間が減り、働きやすい会社に！

紙管理が多い経理関係の業務では、出社が絶対でした。クラウド型の会計システムが導入され、在宅で仕事が可能に。母の介護との両立が大変で、退職を考えていたのですが、仕事を続けられそうです。
(50代 パート社員 女性)

終業時刻に外回りから戻り、事務作業を行っていたが、DX で事務作業が短縮。夕飯までに帰宅できるように。家族との会話も増えた。
(30代 営業担当 男性)

残業時間が減り、有給取得率が UP。就活サイトでのアピールポイントに。なかなか集まらなかった応募者が増え、人手不足が解消！
(20代 人事担当 女性)

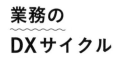

DXは、1つの取り組みで終わらせては意味がない。
小さな取り組みを重ね、変化に対応できる企業の基盤を整える。
より良い企業へと成長を続けることができる。

社員のモチベーション

Before 定型業務の繰り返し。つい受け身に → **After** 価値ある業務に携わり、モチベーションが向上！

張り合いのない日々の中、任されたDX推進は想像以上に大変。しかし、推進後、確実に社内の雰囲気は良好に。スキルアップにもなり、働きがいを感じている。

（40代 DX推進担当 男性）

事務作業の効率化が進み、仕事がなくなると思っていたが、空いた時間で企画・販売のサポート業務を任されることに。憧れの仕事に携われてやりがいを感じる！

（30代 事務職員 女性）

顧客への提供価値

Before ここ数年、売上が伸び悩んでいた

↓

After 顧客の満足度が高まり、売上が伸びた！

受発注システム導入で、お客さんがボタン１つでうちに発注できるように。もう「FAXには戻れない！」と大好評みたいです。うちも、書類のやり取りや管理が効率化され、助かっています。

（30代 経理担当 女性）

スマホでもクーポンを使えるようにしたら、30代ママさん層のリピート率が急増。紙だと、財布の中で行方不明になったり、家に置き忘れたりしちゃう。スマホ世代のママさんにとって、便利なサービスだったのかな。

（20代 マーケティング担当 男性）

企業文化はどう変わった？

一人ひとりが意見を出し、会社に改善サイクルが生まれる

DX によって業務面だけでなく、企業文化にも変化が及ぶ。
社内の風通しが良くなり、社員が自発的に行動するように。

企業文化のDXサイクル

社内の雰囲気

Before 上の人には意見を言い出せない、聞いてもらえない

↓

After 風通しが良くなり、安心して自由に発言できるように！

中途で社歴が浅いから……と意見を言うことを諦めていたが、推進が進むにつれて、さまざまな意見を平等に扱ってくれるように。他社にいた経験を活かし、積極的に課題を指摘できるようになった。

（30代 中途社員 男性）

意見＝「会社への不満」のようで、役員会議でもなかなか言い出しづらかった。DX を始めてからは、意見＝「改善のためのアイデア」として扱われるように。社内の空気が変わり、臆せず発言するようになった。

（40代 部長 男性）

大事なのは継続すること。より良く、強い企業へと成長し続けてください。

好影響がありますね。DXの本質が変革だというのがよく分かります。

経営者との関係

Before コミュニケーションは、指示された業務の報告・相談のみの最低限 → **After** より良い会社にするために、意見交換し合えるように！

推進を通じ、会社を良くしたいと思っているのは経営者なのだと気がつきました。経営者の指示でも、違う方法を提案するなど、意見を交換する機会が増えました。

（40代 管理職 女性）

しばらく経営のことしか関わっておらず、話をするのも管理職だけだった。DX を通じ、若手社員とのコミュニケーションが増え、現場に寄り添えるようになった。

（60代 経営者 男性）

社員の自律性

Before 指示待ちが多く、自ら考えて行動する社員は少なかった

↓

After 自ら動き、仕事の価値や意義を見出せるように！

接客対応のマニュアルを動画にしたら、50 代の先輩方からも「分かりやすい！」と絶賛された。趣味だった動画投稿が、仕事に活かせるなんて思っていなかった！

（20代 販売スタッフ 女性）

経営陣が始めたアイデア公募制度で、自分の出したオンラインショップ開設案が採用された！　有志を募り、次年度からプロジェクトがスタート。自分のアイデアで会社がどう変わるのか、わくわくしています。

（30代 マーケティング担当 男性）

監修者プロフィール 一覧

樺島弘明（かばしま　ひろあき）

株式会社エル・ティー・エス代表取締役社長 CEO。

慶應義塾大学卒業後、アイエヌジー生命保険株式会社（現エヌエヌ生命保険株式会社）入社。その後、株式会社 IQ3 を経て、株式会社ラーニング・テクノロジー・コンサルティングで営業担当ゼネラルマネジャー。2002 年 3 月にエル・ティー・エス設立に参画し取締役に就任。同年 12 月より代表取締役社長。2020 年 1 月より代表取締役社長 CEO。

白鳥健太郎（しらとり　けんたろう）

株式会社エル・ティー・エス コンサルティング第 1 本部 本部長。

株式会社デジタルフォルン、監査法人トーマツを経て、エル・ティー・エスに入社。民間企業からパブリックセクターまで DX コンサルティングを幅広く経験。近年は、DX に伴う変革人材の育成に注力しており、様々な企業に対し変革人材育成の研修や育成制度構築のコンサルティングを提供している。

高橋 矢（たかはし　なおや）

株式会社エル・ティー・エス コンサルティング第 2 本部 本部長。

SIer、コンサルティング会社 2 社を経て、エル・ティー・エスに入社。経営管理システム領域、基幹システム領域を中心に、IT 企画フェーズから運用フェーズにおける企業の変革支援を多数経験。「日本の底上げ」をテーマに社会課題解決を目指し、中小・中堅企業に向けた支援の強化を行っている。

小尾文孝（おび　ふみたか）

株式会社エル・ティー・エス コンサルティング第 2 本部 BC 第 1 事業部 CBX グループ マネージャー。
SI ベンダーを経て、エル・ティー・エスに入社後、IT 戦略立案、システム構想策定から IT 運用、教育展開まで幅広いプロジェクトに参画。プロジェクトデリバリと並行して中小・中堅企業向けサービス構築にも注力している。

中島健太（なかじま　けんた）

株式会社エル・ティー・エス コンサルティング第 1 本部 Transformation Consulting 事業部 副部長。

エル・ティー・エスに新卒で入社後、デジタルテクノロジーの導入、システム刷新に伴う定着化、サービスの新規チーム立ち上げなど、幅広い案件に従事。静岡、栃木などでも案件を担当。地域拡大を一つのミッションとして掲げており、近年は静岡、愛知エリアを東海事業として位置づけ活動している。

野田翔太（のだ　しょうた）

株式会社エル・ティー・エス コンサルティング第 1 本部 Transformation Consulting 事業部 マネージャー。

エル・ティー・エスに新卒で入社後、製造業のグローバル業務プロセス変革活動・大手企業の採用育成業務改善などに従事。デジタル人財育成プログラムの開発と講師も務める。専門分野は人材開発領域での全社変革、企画立案や業務改善。

悴田雄也（かせだ　ゆうや）

株式会社エル・ティー・エス ビジネスマネジメント本部 マーケティンググループ長。

SE、テクニカルライターを経て、エル・ティー・エスに入社。ERP 導入や業務改革における企業向け教育展開のコンサルティングに従事。マーケティング部門の責任者として、近年は自社メディアの運営、グループ会社の新規事業立ち上げやサービス設計も手がけている。

※プロフィールは 2023 年 2 月時点のものです

参考文献

● 書籍

『DX 白書 2021　日米比較調査にみる DX の戦略、人材、技術』独立行政法人情報処理推進機構（IPA）著，編
『総務部 DX 課　岬ましろ』須藤憲司著（日経 BP，日本経済新聞出版本部）
『デジタル技術で、新たな価値を生み出す　DX 人材の教科書』石井大智、鶴岡友也著（朝日新聞出版）
『ベンダー・マネジメントの極意』長尾清一著（日経 BP 社）
『【完全版】社内プレゼンの資料作成術』前田鎌利著（ダイヤモンド社）

● ホームページ

DX レポート 2.1（DX レポート 2 追補版）（経済産業省）
デジタルガバナンス・コード 2.0（経済産業省）

中小企業庁ホームページ　https://www.chusho.meti.go.jp/
ミラサポ plus（経済産業省、中小企業庁）https://mirasapo-plus.go.jp/
CLOVER Light（株式会社エル・ティー・エス）「DX に取り組むとは、未来の社会を描くこと」第 1 ～ 4 回
https://clover.lt-s.jp/

株式会社エル・ティー・エス

2002 年 3 月設立。東京証券取引所プライム市場（証券コード 6560）。企業の変革を促進する日本発独立系のコンサルティング企業。

「デジタル時代のベスト・パートナー」を目指し、顧客の変革実行能力を高めるためのコンサルティングを主軸としたプロフェッショナルサービスと、IT 業界の企業や人材をつなぎ新しいビジネス機会を創出するプラットフォーム事業を運営している。プロフェッショナルサービスの一環として、DX 推進のコンサルティングを行う。

取引実績に、伊藤忠商事株式会社、オリックス株式会社、キリンホールディングス株式会社、株式会社セブン - イレブン・ジャパン、日産自動車株式会社、日本電気株式会社、矢崎総業株式会社、DIC 株式会社、広島県、静岡県、群馬県などがある。

本社オフィス
〒107-0051　東京都港区元赤坂 1 丁目 3-13　赤坂センタービルディング 14 階
URL：https://lt-s.jp/

装幀　石川直美（カメガイ デザイン オフィス）
装画・本文イラスト　オオノマサフミ
本文デザイン　梶原七恵
校正　渡邉郁夫
編集協力　浅田牧子、オフィス 201（和田さや加、小川ましろ）

知識ゼロからの DX 入門

2023 年 5 月 10 日　第 1 刷発行

監　修　株式会社エル・ティー・エス
発行人　見城 徹
編集人　福島広司
編集者　鈴木恵美

発行所　株式会社　幻冬舎
〒151-0051　東京都渋谷区千駄ヶ谷 4-9-7
電話　03-5411-6211（編集）　03-5411-6222（営業）
公式HP：https://www.gentosha.co.jp/
印刷・製本所　株式会社 光邦

検印廃止

ISBN978-4-344-90357-9 C2034
Printed in Japan
この本に関するご意見・ご感想は、下記アンケートフォームからお寄せください。
https://www.gentosha.co.jp/e/